10대를 위한 동물권 수업

우리도
고통과 행복을
느껴요

10대를 위한 동물권 수업

우리도 고통과 행복을 느껴요

초판 1쇄 발행 2024년 11월 29일

글쓴이 김성호
그린이 즈능

편집장 천미진
편집책임 김현희
편   집 최지우
디자인 최윤정
마케팅 한소정
경영지원 한지영

펴낸이 한혁수
펴낸곳 도서출판 다림
등   록 1997. 8. 1. 제1-2209호
주   소 07228 서울시 영등포구 영신로 220 KnK디지털타워 1102호
전   화 02-538-2913 팩   스 070-4275-1693
다림 카페 cafe.naver.com/darimbooks
블로그 blog.naver.com/darimbooks
전자 우편 darimbooks@hanmail.net

ⓒ 김성호, 즈능 2024

ISBN 978-89-6177-343-0 (43300)

10대를 위한 동물권 수업

우리도 고통과 행복을 느껴요

김성호 글
즈눙 그림

다림

오랫동안 동물은 인간이 부리는 노예이자 재산이었으며, 단백질을 공급해 주는 식재료이면서, 사냥감이나 동물 싸움으로 인간에게 즐거움을 안겨 주는 오락거리였습니다. 동물을 대하는 인간의 방식은 지금도 본질적으로 크게 다르지 않습니다. 매년 수백억 마리의 동물이 인간의 기름진 식사와 따뜻한 이불솜과 머플러와 신약 개발 테스트 등의 이유로 희생되고 있으니까요.

인간은 왜 동물을 함부로 다뤄도 된다고 생각할까요? 인간이 동물은 지능이 낮고, 깊은 사고와 판단을 하는 도구인 이성도 없는 열등한 생명체라고 일찌감치 규정했기 때문입니다. 심지어 동물은 고통을 느끼지 않으므로 물리적 폭력을 행사하거나 죽여도 죄의식을 느낄 필요가 없다고 주장한 철학자들도 있었어요. 강대국이 약소국을 식민지 삼는 것처럼, 인류가 동물을 지배하는 것은 겨울에 눈이 내리는 것만큼 당연하게 여겨졌습니다.

이런 동물에 대한 인식이 달라진 것은 19세기부터였습니다. 가장 먼저 행동에 나선 것은 서구인들이었습니다. 제도적으로는 동물 학대를 금지하는 법안이 제정되고, 실천적으로는 각종 동물 보호 단체가 설립되었습니다. 여기에 몇몇 철학자들이 탄탄하고 논리적인 사상적 기반을 세웠습니다. 가장 대표적인 인물을 한 명만 꼽으라면 호주 철학자 피터 싱어일 것입니다.

피터 싱어가 1975년에 발표한 『동물 해방(Animal Liberation)』이라는 책을 통해 비로소 동물권이라는 개념이 널리 세상에 퍼지게 되었습니다. 동물권이란, 인간에게 인권이 있듯, 동물도 침해받지 않을 생명권을 갖고 있으며, 고통을 피하고 학대받지 않을 권리가 있다는 견해를 말합니다. 동물권 운동은 비교적 짧은 시간에도 불구하고 놀라운 일을 해냈습니다. 가축이 고통받는 공장식 축산업의 끔찍한 실태를 세상에 알렸고, 많은 국가로부터 동물 실험 금지 법안을 끌어냈으며, 밀렵과 불법 야생 동물 거래의 단속을 강화했어요. 하지만 동물권 운동이 이뤄 낸 가장 큰 성취라면 인간에게만 배타적으로 적용되던 생명 윤리를 동물에게까지 확장했다는 점이에요.

인도의 정치 지도자 마하트마 간디는 '한 국가의 위대함과 도덕적 진보는 그 나라에서 동물이 받는 도덕적 대우로 알 수 있다'라는 말을 남겼습니다. 동물권은 단지 약자인 동물을 보호하는 것을 넘어 인간과 동물이 공존하고 상생할 방법을 모색해 보는 사회적, 윤리적, 정치적인 메시지를 담고 있습니다.

끝으로 이 책이 나올 수 있도록 도움을 주신 도서출판 다림 관계자들께 감사의 말씀을 드립니다.

2024년 김성호

목차

3장 동물에게도 권리가 있을까?

6장 채식 논쟁

· 1장 ·

동물을 지배하는 인간

당나귀는 오랜 세월 방앗간의 짐을 날랐어요. 방앗간 주인은 당나귀가 늙고 약해지자 도축업자에 팔려고 했죠. 당나귀는 그 사실을 눈치채고 달아났어요. 얼마 후, 당나귀는 늙은 사냥개를 만났어요. 사냥개가 말했죠.

"주인이 내가 늙고 사냥을 못 하니까 나를 죽이려고 해서… 그래서 도망쳤어."

사냥개의 처지가 남 일 같지 않았던 당나귀는 개에게 브레멘이라는 곳에 가서 음악을 하자고 했어요. 길을 떠난 둘은 고양이와 닭도 만났어요. 고양이는 쥐를 못 잡아 죽을 처지였고, 닭은 조만간 주인이 손님에게 대접할 닭고기 수프가 될 운명이었어요. 이제 그들도 당나귀와 개의 길동무가 되었어요.

『브레멘 음악대』줄거리

죽음의 신

우리가 사는 지구에는 약 81억 명의 인간이 살고 있어요. 81억 명이라니! 엄청난 숫자 같지만, 지구에 사는 전체 생명체의 0.01%에 불과해요. 그런데 이 극소수의 인간이 나머지 생명체의 목숨줄을 손에 틀어쥐고 있어요. 2018년 세계자연기금(WWF)이 발표한 보고서에는 다음과 같은 충격적인 문장이 나와요.

> 1970년대 이후 전 세계 포유류, 어류, 조류, 파충류의 평균 60%가 인간에 의해 죽었다.

특히 남아메리카와 중앙아메리카의 척추동물 89%가 인류의 성장 지향적 정책과 육식 위주의 식습관 때문에 사라졌다고 해요. 구체적인 내용을 살펴볼까요? 매년 약 800억 마리의 동물이 식탁 위에 올라오는 고기로 도살되어요. 심지어 이 수치는 어류를 뺀 것이에요. 만일 어류까지 포함하면 그 숫자는 수조 마리에 육박해요. 이뿐만이 아니에요. 매년 모피와 가죽으로 약 10억 마리의 동물이, 화장품과 약품을 테스트하는 실험동물로 약 2억 마리의 동물이 희생되고 있어요. 말 그대로 동물에게 인간은 사신 같은 존재인 거예요.

인간이 동물을 지배하는 가장 일반적인 형태는 가축이에요. 고기나 젖, 알을 얻기 위해 기르기도 하고, 옷감(털과 가죽)을 목적으로 기르기도 하지요. 현재 포유류의 60%는 소, 돼지, 말과 같은 가축이고 36%는 인간, 나머지 4%는 사자나 하이에나 같은 야생 동물이에요. 조류는 포유류보다 가축의 비중이 높아요. 조류의 70%가 닭과 오리, 거위 같은 가축이고 나머지 30%는 청둥오리, 독수리 같은 야생 조류죠. 동물에서 가축의 비율이 이렇게 높다는 사실을 여러분은 알고 계셨나요?

인간이 가축을 기른 이유

인간은 언제부터 가축을 기르기 시작했을까요? 역사적으로 인간이 가축과 함께한 시간은 비교적 얼마 되지 않았어요. 약 160

만 년 전, 아프리카의 건조한 사바나 초원에는 원숭이 얼굴에 인간의 몸을 가진 생명체가 살았어요. 외모는 좀 섬뜩해도, 그들은 두 발로 걸었고, 최초로 불을 사용했으며, 간단한 도구도 만들 줄 알았어요. 이들이 우리 인류의 직계 조상인 호모 에렉투스(Homo erectus)예요. 호모 에렉투스의 뜻은 '똑바로 선 인간'이에요. 한자어로 직립 원인이라고도 부르지요.

호모 에렉투스는 짐승을 사냥하고 가죽을 벗겨 불에 구워 먹었어요. 말하자면 바비큐를 해 먹은 최초의 인류였어요. 주요 사냥감은 가젤, 영양, 개코원숭이 정도인데, 사냥 성공률은 그리 높지 않았어요. 호모 에렉투스는 돌도끼를 들고 다녔는데, 아무래도 이런 조악한 무기로는 사냥이 쉽지 않았을 거예요. 고고학자들은 호모 에렉투스가 직접 사냥에 성공한 횟수보다 동물의 사체를 먹은 횟수가 많았을 거로 추측해요. 사자나 치타가 사냥한 먹잇감을 뺏어 먹는 하이에나처럼요. 고기가 없을 때는 채소를 먹었어요. 호모 에렉투스는 동굴 생활을 했는데, 남자들이 사냥하는 동안 여자들은 주변을 돌아다니며 열매를 따고 나무껍질을 벗기고 나무뿌리를 캐서 식량에 보탰어요. 이것을 수렵 채집 생활이라고 해요.

호모 에렉투스는 동물을 사냥해서 먹기도 했지만 동시에 악어나 표범 같은 맹수의 먹잇감이 되기도 했어요. 그러니까 이때까지만 하더라도 동물과 인간은 야생에서 경쟁하던 라이벌이었어요.

그리고 시간이 많이 흘러 지금으로부터 약 1만 년 전, 인류는 마침내 떠돌이 생활을 청산하고 한곳에 정착해 농사를 짓기 시작했어요. 그리고 본격적으로 야생 동물을 잡아 가축으로 길들이기 시작했어요.

야생 동물을 가축으로 바꾸는 작업은 인류에게 꽤 매혹적인 도전이었어요. 투항을 거부하는 포로를 살살 구슬려 우리 편으로 만드는 작업이라고나 할까요? 처음 인간에게 잡힌 동물들은 두려움에 떨고 거칠게 반항도 해 보지만, 먹이와 물과 잠자리를 안

정적으로 제공받으면서 점차 인간을 따랐을 거예요. 그런 식으로 들소는 집소로, 야생말은 경주마로, 야생 멧돼지는 집돼지로, 산양은 목장 양으로 길들였어요.

그런데 인류는 왜 가축이 필요했을까요? 동물은 농사에 아주 쓸모가 많아요. 밭을 갈고, 짐을 나르죠. 그리고 동물의 배설물을 밭에 뿌리면 훌륭한 거름이 되었죠. 장점은 또 있었죠. 바로 영양 불균형 해소였어요.

농경을 시작한 인류는 과거 수렵·채집을 하던 시절보다 곡류(쌀, 밀)와 채소를 많이 먹게 되었어요. 그 결과 심각한 단백질 결핍을 겪었죠. 미국국립과학원(PNAS) 저널의 연구에 따르면, 유럽에서 농경이 시작되면서 유럽인의 신장은 약 3.8㎝ 줄어들었다고 해요. 그런 인류에게 가축의 젖과 알, 고기는 훌륭한 단백질 공급원이었어요.

tip 최초의 가축은 개

개가 가축이 된 것은 4~2만 년 전 사이로 추정해요. 인류가 농사를 짓기 훨씬 전부터죠. 개의 조상은 회색 늑대예요. 이 회색 늑대가 어떻게 인간에게 길들여져 개가 되었는지는 아직 베일에 싸여 있어요. 학자 중에는 배고픈 회색 늑대들이 인간이 사는 곳 주변을 기웃거리다가 인간이 던져 준 먹이를 받아먹으면서 차츰 가축이 되었다고 주장해요.

얼룩말과 코끼리는 왜 가축이 되지 못했을까?

미국 생물학자 재러드 다이아몬드는 야생 동물이 가축이 되려면 여섯 가지 조건을 갖춰야 한다고 주장했어요. 첫 번째 조건은 식성이에요. 동물은 섭취한 먹이로부터 대략 10%의 자원을 얻어요. 예를 들어, 500kg 소 한 마리를 키우려면 최소 5,000kg의 옥수수가 필요하다는 뜻이에요. 그런데 육식 동물은 초식 동물을 먹잖아요? 따라서 500kg의 육식 동물 한 마리를 키우려면 옥수수 5,000kg를 먹은 500kg 소 열 마리가 필요한 거예요. 초식 동물에 비해 너무 비효율적이죠. 그래서 육식 동물은 가축화가 어려워요.

두 번째 조건은 성장 속도예요. 고대인들에게 가축을 키운다는 건 일종의 비즈니스였어요. 비즈니스의 핵심은 최소한의 비용으로 최대의 이윤을 남기는 것이지요. 그러려면 길들이는 동물이 대나무처럼 쑥쑥 자라야 해요. 그래야 하루빨리 일을 부려 먹고, 고기나 가죽을 얻을 수 있을 테니까요. 그런 점에서 코끼리는 가축으로써는 낙제점이었어요. 새끼 코끼리가 성체 코끼리가 되려면 15년이 필요해요. 그때까지 어떻게 기다리겠어요?

세 번째 조건, 번식이 쉬워야 해요. 교미하는 개들은 인간들이 빤히 쳐다봐도 꿋꿋해요. 수치심이 없다고 생각할 수도 있지만, 달리 보면 그만큼 개들은 번식 조건이 까다롭지 않은 동물이라고 할 수 있어요. 하지만 모든 동물이 다 그렇지는 않아요. 치타는 맹수치고는 성격이 순해서 인류는 예로부터 치타를 길들이려고 큰 노력을 했어요. 하지만 쉽지 않았어요. 치타는 짝짓기할 때 들판을 미친 듯이 질주하는 기묘한 습성이 있어요. 암컷은 뒤따라오는 수컷 중에서 가장 빨리 따라오는 한 마리를 찍어 배우자로 선택해요. 즉, 치타를 번식시키려면 여의도 광장쯤 되는 광활한 공간이 필요한데 일반 가정이나 농장에서 이런 환경을 제공하는 건 사실상 불가능하죠.

네 번째 조건, 겁이 너무 많아도 안 돼요. 가젤과 사슴은 성장 속도도 빠르고, 번식 조건도 까다롭지 않아요. 하지만 너무 경계심이 많아서 약간의 위험만 감지해도 패닉에 빠져 정신을 놓아 버려요. 목장 펜스를 뛰어넘어 달아나고, 울타리를 들이받고 죽기도 하죠. 이래서는 가축으로 키울 수가 없어요. 양도 겁이 많은 동물이지만, 양은 겁에 질리면 가젤처럼 달아나는 대신 자기들끼리 꼭 붙어 있어요. 그래서 양은 가축이 될 수 있었어요.

다섯 번째 조건, 인간을 리더로 인정하고 복종할 줄 알아야 해요. 보통 무리 생활을 하는 동물들은 서열이 있어서 무리 내 우두머리를 인정하고 따라요. 그래서 소, 말, 개, 돼지, 닭, 오리 등의 가축은 인간을 주인으로 인정하고 복종하는 모습을 보여요.

마지막 여섯 번째 조건, 성격이 순해야 해요. 초식 동물은 대체로 육식 동물보다 순해요. 그렇다고 해서 모든 초식 동물이 갓난아기처럼 순한 건 아니에요. 동물 다큐멘터리에 단골로 등장하는 얼룩말이 좋은 예입니다. 초원에서 유유히 풀을 뜯는 얼룩말은 언뜻 세상에 무해한 평화주의자처럼 보이지만 아주 까칠하고 맹

수 못지않은 공격 본능을 갖고 있어요. 얼룩말의 뒷발차기는 사자도 한 방에 죽일 수 있고, 날카로운 이빨과 강인한 턱은 단숨에 손가락을 끊어 버릴 수 있어요. 그래도 미련을 못 버린 인간들은 얼룩말을 가축으로 만들려고 갖은 시도를 했어요. 한 영국 귀족은 얼룩말 네 마리가 마차를 끌게 하는 데 성공했지만 거기까지였어요.

얼룩말을 길들여 마차를 끌게 한 영국 귀족 로스차일드
(출처: 위키미디어커먼스)

덧붙여 재러드 다이아몬드는 야생 동물 중 체중 48kg 이상의 초식 동물 정도가 가축이 될 가능성이 크다고 말했어요. 재러드가 말한 초식 동물은 모두 147종이고 이 중에서 가축화에 성공한 것은 14종뿐이에요. 가축도 아무 동물이나 되는 게 아니었어요.

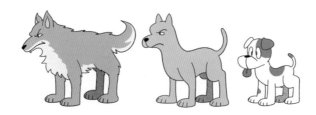

　서커스단 프로그램 중에 동물 쇼가 있어요. 동물 쇼에서 호랑이는 두 발로 걷고, 곰은 자전거를 타요. 조련사들이 그렇게 하도록 길들이고 훈련을 시켰기 때문이에요. 또 새끼 때부터 인간의 손에 자란 스라소니 같은 맹수들은 성체가 되어도 인간을 잘 따르죠. 하지만 그렇다고 해서 그 호랑이와 곰과 스라소니의 후손들까지 두 발로 걷고, 자전거를 타고, 인간에게 애교를 부리지는 않아요. 일시적으로 길들인 특성이 후세까지 유전이 되지 않기 때문이에요.

　가축화는 길들인 특성이 후세에도 전해지는 것을 말해요. 그 과정에서 뇌의 크기가 작아지고 쫑긋했던 귀는 늘고, 입은 짧아지는 등 신체 일부가 변하고 성격은 한층 온순해지죠.

강아지는 처음 보는 인간에게도 꼬리를 흔들고 아랫배를 보여 주곤 해요. 인간에게 친근하게 굴고 복종하도록 만들어진 선대의 유전자가 전승되었기 때문이에요.

전쟁에 참전한 동물, 신의 제물이 된 동물

인류가 동물을 지배하기 시작하면서 동물은 더 많은 역할을 요구받았어요. 세상이 평온할 때는 수레나 마차를 끌고, 밭을 갈고, 알을 낳다가 전쟁이 발발하면 징병된 남자들처럼 전선에 투입되었어요. 말은 기병을 등에 태우고 적진을 향해 돌격했고, 비둘기는 아군에게 메시지를 전달하는 전령이 되었으며, 개는 추적과

경비, 폭발물 탐지를, 당나귀, 소, 코끼리와 같은 덩치 큰 동물은 물자와 보급품을 운반했어요. 그 과정에서 무수한 동물이 희생되었어요.

동물의 피해가 가장 컸던 전쟁은 20세기 초에 벌어진 제1차 세계 대전이었어요. 4년간의 전쟁 중에 말 800만 마리와 개 100만 마리를 포함해 대략 1,600만 마리의 동물이 죽었어요. 동물 간의 세력 다툼도 아닌, 인간들의 전쟁 때문에 말이에요.

동물은 인간의 종교 의식에서 제물이라는 이름으로도 희생되었어요. 제물은 인간이 신에게 바치는 일종의 선물이에요. 풍년

을 맞은 농부가 신께 감사드릴 때, 순수하게 신을 찬양하고 싶을 때, 가뭄에 비를 기원하는 기우제처럼 신에게 뭔가 바라는 게 있거나 잘못을 빌고 싶을 때, 인간은 살아 있는 동물을 제단에 올려놓고 신에게 제사를 지냈어요. 제사를 주관하는 제사장은 칼을 들어 동물을 토막 내거나 제단에 동물의 피를 뿌렸죠. 모든 의식이 끝나면 인간들은 사이좋게 고기를 나눠 먹었어요. 명절에 제사 음식을 나눠 먹는 것처럼 말이에요.

제물로 가장 많이 희생된 동물은 소, 염소, 양이었어요. 이런 흔적은 지금도 언어에 고스란히 남아 있어요. 한자 희생 희(犧)에는 소(牛)와 양(羊) 자가 들어 있어요. 고대 중국에서 소와 양을 제물로 많이 이용했기 때문이죠. 또 희생이라는 뜻의 영어 sacrifice의 어원은 '신에게 바친다'라는 의미의 라틴어 sacrificium이죠.

살육 게임

2,000년 전, 고대 로마인들이 가장 좋아한 오락은 원형 경기장인 콜로세움에서 벌어진 맹수와 인간의 대결이었어요. 검투사, 전쟁 포로, 노예들은 5만 명의 관중이 지켜보는 가운데 사자, 호랑이, 표범, 곰, 코끼리, 악어와 목숨을 건 대결을 벌였어요. 당시 기

록에 따르면, 100일간의 축제 기간에 약 9,000마리의 동물이 죽었다고 해요.

동물끼리 맞붙는 싸움도 큰 인기를 누렸어요. 인간들은 이기는 동물 쪽에 돈을 거는 일종의 스포츠 도박을 즐겼어요. 이런 게임을 'blood sport'라고 해요. 해석하면 피를 부르는 스포츠, 또는 유혈 스포츠쯤 되겠지요. 이름처럼 대결이 끝난 자리에는 피가 낭자하고 경기에서 진 동물은 비틀거리다가 숨이 끊어지기 일쑤였어요. 이 비정한 살육 게임은 인류 문명의 역사만큼 오래되었고 지금도 세계 곳곳에서 다양한 형태로 벌어지고 있어요. 개싸움, 소싸움, 말 싸움, 닭싸움, 낙타 싸움, 심지어 곤충 싸움도 있어요.

중세 영국에서는 곰과 개가 맞붙는 베어 베이팅(bear-baiting)이라는 동물 싸움이 대중적인 인기를 누렸어요. 곰 정원(bear-garden)이라는 이름의 전용 경기장도 있었죠. 게임 방법은 단순해요. 곰을 경기장에 밀어 넣고 움직이지 못하게 다리와 목을 묶은 다음, 개 여러 마리와 싸우게 했어요.

싸움은 곰이 개들을 모두 죽이거나 반대로 곰이 개들의 공격으로 쓰러질 때까지 계속됐어요. 이긴 쪽이나 진 쪽이나 큰 부상을 피할 수 없는 격렬한 대결이었어요. 곰은 워낙 몸값이 비싼 데다 다음번 대결도 줄줄이 예약되어 있어서 상처를 입어도 적절한

치료를 받았지만, 상대적으로 몸값이 저렴한 개들은 제대로 치료
받지 못했어요. 개들은 부상에 신음하다 결국 눈을 감았지요.

　베어 베이팅이 큰 인기를 얻자 아류작인 불 베이팅(bull-baiting)
이라는 신종 동물 싸움도 만들어졌어요. 불 베이팅은 황소와 개
의 대결인데, 이때 만들어진 개의 품종이 불도그(bulldog)예요.
이름에서 짐작할 수 있듯, 불도그는 황소(bull)와 개(dog)의 합성
어예요. 기운 센 황소를 물고 버틸 수 있을 만큼 강한 악력과 다
부진 체격이 특징인 견종이죠. 1835년 영국 정부가 불 베이팅을

영국에서 성행하던 베어 베이팅을 묘사한 그림
(출처: 위키미디어커먼스)

금지하면서 불도그는 지금의 사랑스러운 반려동물로 다시 태어났어요. 같은 해에 베어 베이팅도 금지되었지만 지금도 세계 곳곳에서 불법적으로 행해지고 있어요.

동물 재판

1522년 프랑스 오툉 지역의 쥐들은 보리농사를 망친 혐의로 기소되었어요. 판사는 쥐들에게 법정에 출두하라는 소환장을 보냈지만, 쥐들은 당연히 나타나지 않았죠. 쥐들의 변호를 맡은 변호사는 자신의 고객이 법정에 나오지 못하는 이유를 설명했어요.

"우리 고객은 여기저기 흩어져 살고 있어서 법원의 소환장을 전달하기가 어렵습니다."

"법원까지 오는 길에 고양이가 너무 많아 우리 고객들이 두려움에 떨고 있습니다."

그렇게 재판은 연기되었어요. 쥐의 변호사는 쥐들을 법정에 나오게 하려면 고양이를 길에 풀어놓지 말고 집에 가둬야 한다고 주장했어요. 고양이 주인들은 변호사의 요구를 거부했고, 기다리다 지친 판사는 결국 재판을 기각했어요.

동물이 재판받는다는 건 우리나라에서는 생소하고 낯선 이야기예요. 하지만 동물 재판의 역사는 400년도 더 됐어요. 미국 학자 에드워드 페이슨 에번스의 연구에 따르면 중세부터 19세기에 이르기까지 유럽에서 약 200건의 동물 재판이 있었다고 해요. 개, 돼지, 소, 쥐, 심지어 애벌레까지 절도, 저주, 살인 등의 혐의로 기소되어 재판받았어요. 재판의 형식과 절차도 철저하게 지켜졌죠. 동물에게는 변호사가 선임되었고, 공소가 제기됐으며, 동물에게 인간의 옷을 입혀 피고석에 앉히기도 했어요. 당연히 판결도 형법을 그대로 적용했어요.

오툉의 쥐들처럼 해프닝으로 끝난 재판도 있지만, 이건 아주 운이 좋은 경우예요. 대게는 유죄를 선고받아 감금되고, 추방되고, 파문당했어요. 물론 사형을 당한 동물들도 많았어요. 몇 가지 사건을 살펴볼게요.

1457년 프랑스 사비니 지역에서 돼지 가족이 다섯 살 소년을 잡아먹은 사건이 발생했어요. 어미 돼지와 새끼 돼지 여섯 마리는 살인죄로 체포되어 재판에 넘겨졌어요. 판사는 어미 돼지에게는 사형을, 새끼 돼지들에
게는 철없이 엄마의 행동을 따
라 했을 뿐이라며 무죄를 선고
했어요.

1474년 스위스 바젤의 한 농가에
서 수탉이 알을 낳는 기괴한 일이 발생했어요. 마을 사람들은 두
려움에 떨었어요. 당시 스위스에는 수탉이 낳은 알에서 뱀과 수
탉을 닮은 괴물, 바실리스크가 태어난다는 미신이 돌고 있었거든
요. 마녀가 연고를 제조할 때 그 알을 재료로 사용한다고도 했어
요. 결국 문제의 수탉은 재판에 넘겨졌어요. 수탉의 변호를 맡은
변호인은 수탉이 악마와 계약을 맺은 증거는 어디에도 없다며 무
죄를 주장했어요. 하지만 판사는 수탉에게 유죄를 선고했죠. 며
칠 후, 수탉은 알과 함께 군중이 지켜보는 광장에서 화형을 당했
어요.

마지막 동물 재판은 비교적 최근이에요. 1974년 리비아에서 개
가 인간을 문 사건이었는데, 판사는 그 개에게 금고형을 선고했어
요. 금고형이란 죄수를 교도소에 가두지만 노역(일)은 시키지 않
는 형벌을 말해요.

동서양의 종교가 동물을 대하는 자세

인도에서 발생한 힌두교, 불교, 자이나교는 공통으로 윤회를 믿어요. 윤회란 죽은 뒤에 영혼이 다른 모습으로 태어나는 것을 말해요. 어떤 모습으로 태어날지는 아무도 몰라요. 인간, 동물, 벌레, 어쩌면 세균으로 태어날 수도 있죠. 지금 거실에 누워 뒹굴뒹굴하는 강아지와 창 너머에서 쓰레기봉투를 뒤적이는 길고양이와 전선에 앉아 있는 까치와 창틀에 집을 짓는 거미 중에 돌아가신 부모나 사랑하는 이의 영혼이 들어 있을 수도 있는 거예요. 그렇게 생각하면 동물을 보는 시각과 태도는 달라지겠죠. 어쩌면 우리 조상의 영혼이 들어 있을지도 모르는 동물을 함부로 대할 수 있을까요?

그래서 불교, 힌두교, 자이나교에는 살생하지 말라는 아힘사(ahimsa)라는 계율이 있어요. 대승 불교가 강세인 동아시아 사찰에서는 승려들에게 육식을 금지하고 일반 대중에게는 불필요한 살생은 삼가라고 가르쳐요.

힌두교 경전에는 '다른 동물의 고기는 내 아들의 살과 같다'라는 구절이 있어요. 실제로 10억 명이 넘는 힌두교 신자의 40% 이상이 채식주의자예요. 하지만 이런 불교나 힌두교도 자이나교 앞에서는 고개를 숙여야 해요. 자이나교 수행자들은 흙 속 벌레조

차 밟지 않으려고 빗자루로 길을 쓸면서 걷고, 물속 미생물을 죽이지 않으려고 여과된 물만 마셔요. 그 밖에 자체적으로 동물병원을 운영해 버려지고 다친 동물들을 돌보며, 주기적으로 도살장에서 죽음을 기다리는 동물을 구출해 와요.

　윤회를 믿는 동양 종교의 세계관에서 인간과 동물은 구별되지 않아요. 동물이 인간으로, 인간이 동물로, 굴렁쇠처럼 순환할 뿐이죠. 동물을 뜻하는 '짐승'의 어원도 모든 생명체를 뜻하는 '중생'에서 왔어요.

반면 서양은 동물을 바라보는 시선이 동양보다 싸늘했어요. 특히 오랫동안 서양의 정신세계에 큰 영향력을 미친 기독교는 동물과 인간을 철저히 구분하고 선을 그어 버렸어요. 남자와 여자처럼 다름을 구분하는 선이 아닌, 귀족과 평민처럼 위아래로 서열을 정하는 선이었죠. 물론 인간이 동물보다 위계가 높아요. 윤회? 그런 건 없어요. 성경 창세기에 이런 구절이 있어요.

> 땅을 정복하여라. 바다의 고기와 공중의 새와
> 땅 위에서 살아 움직이는 모든 생물을 지배하라.
> 창세기 1장 28절

창세기에서 인간은 가장 늦게 만들어진 피조물이에요. 순서상 식물, 동물 다음이지요. 하지만 신은 자신과 닮은 모습으로 빚은 이 늦둥이에게 나머지 생명체를 지배할 배타적 권한을 주었어요. 비유하자면, 지구라는 식민지를 다스리는 총독을 임명한 셈이죠.

힌두교, 불교, 자이나교, 기독교는 종교이고, 종교의 미덕은 믿음과 신념이에요. 지금도 많은 교회에서는 지구의 역사는 6,000년이고, 여자는 남자의 갈비뼈로 만들었으며, 노아의 방주를 만든 노아는 950세까지 살았으며, 진화론은 허구라고 가르치지만 별로 문제가 되진 않아요. 종교는 과학이 아니기 때문이죠. 하지만 종교를 믿지 않는 사람에게 동물을 학대하면 안 되는 근거로 윤회설을 제시하거나, 반대로 동물을 학대해도 되는 이유를 성경에 그렇게 적혀 있기 때문이라고 말해 본들 공감을 얻기 힘들어요. 대중을 설득하려면 교리가 아닌 논리가 필요해요. 그 논리를 펼친 게 바로 철학자들이에요.

도덕적 지위와 인간 중심주의

모든 인간은 존중받을 권리를 갖고 있어요. 그래서 서로에게 욕을 하거나, 모욕을 주거나, 학대와 차별과 조롱을 해서는 안 된다고 우리는 말해요. 그런 짓은 도덕적이지 않으니까요. 하지만 돌멩이에 대고 '저런 돌대가리 같은 놈'이라고 욕하고, 걷어차도 우리는 비도덕적이라고 비난하지 않아요. 무생물인 돌멩이는 애초에 도덕적으로 존중받고 말고 할 지위라는 게 없기 때문이죠. 이것을 윤리학에서는 '도덕적 지위(moral status)가 없다'라고 표현해요. 그럼 동물은 어떨까요? 동물도 인간처럼 생명체이므로 도덕적 지위를 가진 걸까요?

"농담해? 동물 따위가 도덕적 지위를 갖고 있을 리 없잖아?"

과거 서구의 많은 철학자는 이렇게 생각했어요. 인간에게 있는 영혼이나 이성이 동물에게는 없다는 게 그 이유였죠. 고대 그리스를 대표하는 슈퍼 철학자 아리스토텔레스도 이런 입장을 고수했고요. 아리스토텔레스는 이렇게 말했어요. '동물의 위치는 인간 아래이고 식물보다는 위다. 식물이 동물에게 먹이를 제공하는 것처럼, 동물도 인간을 위해 봉사해야 하는 운명이다.' 13세기 신학자 토마스 아퀴나스도 인간이 동물을 죽이거나 다른 방법으로 사용하는 것에 잘못은 없다며 아리스토텔레스의 주장을 지지했죠.

 더 나아가 동물은 고통을 못 느끼므로 동물을 학대하는 건 문제 될 게 없다고 발언한 철학자도 있어요. 바로 프랑스 철학자 르네 데카르트예요. 데카르트는 너무도 유명한 '나는 생각한다, 고로 나는 존재한다'라는 명언을 남긴 철학자이자, 수학의 X축 Y축 좌표를 발견한 수학자이기도 해요. 데카르트는 동물은 뻐꾸기시계 같은 기계라고 봤어요. 동물이 비명을 지르는 것은 아파서가 아니라 그저 기계가 삐걱거리는 소리를 내는 것과 똑같다고 주장했어요.

41

데카르트는 이 주장을 증명하기 위해 개의 네 다리를 판자에 못 박고 마취도 안 한 상태에서 배를 갈라 해부했어요. 개가 고통으로 비명을 지르고 몸부림을 치자 데카르트는 '놀라지 말아요. 이건 그냥 기계가 내는 소리일 뿐이니까'라고 말하기도 했어요.

'아는 것이 힘이다'라는 말을 한 영국 철학자 프랜시스 베이컨도 데카르트 못지않은 살벌한 발언을 했어요. 베이컨은 '인간은 자연을 사냥해서 노예로 만들어야 한다. 과학자들은 고문해서라도 자연의 비밀을 알아내야 한다'고 말했어요.

독일 철학자 칸트도 동물에게는 이성이 없으므로 도덕적 지위가 없다고 말했어요. 단, 그렇다고 해서 인간이 동물을 괴롭혀도 되는 건 아니라고 덧붙였는데요, 그 이유가 좀 씁쓸합니다. 그건 동물이 도덕적으로 존중받을 가치가 있어서가 아니라 동물을 학대하는 행동이 인간성을 해치기 때문이라는 이유였어요. 동물을 학대하는 아이가 어른이 되어서 폭력성을 띠는 것처럼 말이에요.

이처럼 인간과 동물 사이에 경계선을 긋고, 인간의 동물 지배를 정당화하는 이론을 인간 중심주의라고 해요. 지구상에서 인간만이 도덕적으로 대접받을 자격이 있으며, 동물과 식물은 노예처럼 인간에게 봉사하고, 인간의 행복을 위해 사용되는 도구에 불과하다는 인식이에요. 이런 관점을 도구적 자연관이라고 불러요. 반대로 인간도 자연의 일부로서 자연을 보호하고 조화를 이루어야 한다는 관점을 생태 중심주의라고 해요.

고대 그리스의 동물 운동가, 피타고라스

채소와 같은 식물성 식단만 고수하는 사람을 채식주의자, 영어로 베지테리언(vegetarian)이라고 해요. 그런데 19세기 중반까지 채식주의자는 베지테리언 대신 피타고리언(pytagorean)이라 불렸어요. 피타고라스주의자라는 뜻이죠. 익숙한 이름이라고요? 맞아요. 피타고라스의 정리를 만든 바로 그 피타고라스예요.

피타고라스는 만물은 숫자로 이루어져 있다고 생각했어요. 그래서 피타고라스를 수학의 아버지라 부르죠. 하지만 수학자로만 알고 있는 피타고라스는 사실 철학자로 더 유명해요. 피타고라스는 기원전 6세기 그리스 사모스섬에서 태어났어요. 지중해 여러 곳을 여행하며 다양한 학문을 경험한 피타고라스는 56세가 되던 해, 고향으로 돌아왔어요. 하지만 당시 사모스섬을 지배하던 통치자의 독재 아래에서는 자유롭게 공부할 수 없다고 생각했어요. 그래서 피타고라스는 제자들을 데리고 그리스를 떠나 이탈리아 남부로 이주해 그곳에서 공동체를 세웠어요. 그들을 피타고라스학파라고 불렸어요. 이곳에서 피타고라스 정리도 탄생했죠.

피타고라스학파의 생활은 대단히 소박하고 검소했어요. 사유 재산은 금지되었고, 식사는 빵과 물, 그리고 약간의 포도주를 곁들인 채식이 전부였어요. 피타고라스가 고기를 먹지 않은 건 윤회설을 믿었기 때문이에요. 한번은 이런 일이 있었어요. 피타고라스가 길을 걷는데 누군가 개를 때리는 것을 목격했어요. 피타고라스는 개의 울음소리를 들으니 얼마 전 죽은 내 친구가 분명하다며 개를 때리지 말아 달라고 부탁했어요.

피타고라스는 죽을 때까지 동물의 털과 가죽으로 만든 옷을 입지 않았고, 동물을 제물로 바치지 않는 종교 의식에만 참여했어요. 피타고라스는 기록으로 전해지는 최초의 동물 운동가였고, 평화주의자였어요. 피타고라스가 남긴 말은 그의 가치관을 그대로 보여 줘요.

"인간이 동물을 죽이는 한, 인간도 서로를 죽일 것입니다. 죽음과 고통의 씨앗을 뿌리는 인간은 행복과 사랑을 얻을 수 없습니다."

· 2장 ·

동물법

1938년 3월 28일, 한 남자가 런던 동물원을 찾았어요. 오랑우탄 '제니'를 만나기 위해서였죠. 거울에 자신의 얼굴을 비춰 보는 제니를 보고 남자는 충격을 받아요. 제니의 행동이 인간과 너무 닮아 있었기 때문이에요. 그때 그는 공책을 꺼내 이렇게 적었어요.

오만한 인간은 자신이 위대한 신의 개입을 받을 만한 위대한 작품이라고 생각합니다. 나는 인간이 동물에게서 창조되었다고 생각하는 것이 더 겸손하고 옳다고 믿습니다.

20여 년 후, 그는 인간과 유인원의 조상이 같다는 충격적인 내용의 책을 발표했어요. 책의 제목은 『종의 기원』, 그의 이름은 진화론의 아버지라 불리는 찰스 다윈이에요.

세계 최초의 동물학대금지법

전통적으로 한국, 일본, 중국 등 아시아는 농사에 소를 많이 이용했어요. 반면 중세 유럽을 배경으로 하는 영화를 보면 말이 쟁기질하는 장면이 심심찮게 등장해요. 사실 쟁기질의 효율은 말이 소보다 좋아요. 대략 소의 세 배라고 해요.

소에게 쟁기질을 시킬 때는 멍에라는 걸 씌우고 끝에 쟁기를 연결해요. 말은 마구(말을 타거나 부릴 때 말의 몸에 채우는 끈)를 부착하고 그 끝에 쟁기를 연결하는 게 일반적이에요. 그런데 중세 아일랜드 농부들은 마구 대신 말 꼬리에 직접 쟁기를 매달았어요. 그편이 마구를 부착하는 것보다 훨씬 간단하고 비용도 적게 들었기 때문이에요. 하지만 꼬리에 무거운 쟁기를 끌고 다니는 말의 고통은 이루 말할 수 없을 정도였죠. 매년 수백 마리의 말이 쟁기질로 죽거나 불구가 되었어요. 이게 끝이 아니었어요. 당시 아일랜드 농촌에는 양의 털을 깎는 대신 뽑는 잔인한 관습이 있었어요. 머리카락 한 가닥만 뽑아도 아픈데, 온몸의 털을 죄다 뽑혀야 했던 양들의 고통은 얼마나 극심했을까요?

그래서 1635년 아일랜드 의회는 말 꼬리 쟁기질과 양털 뽑기를 금지하는 법을 통과시켰어요. 이 법을 통과시킨 백작 토머스 웬트워스의 이름을 따 토머스 웬트워스 법(Thomas Wentworth's

Act)이라고도 해요. 동물 학대를 금지한 세계 최초의 법으로 알려져 있어요.

커피 마시다 만든 동물 보호 단체

오랫동안 동물은 쟁기나 호미 같은 농기구와 다를 바 없는 취급을 받았어요. 물론 그 시대에도 학대받는 동물을 가엾게 여기고 도움을 주려는 사람들은 있었어요. 하지만 그런 사람은 소수였고, 동물들이 처한 열악한 상황을 근본적으로 해결하는 시도는 엄두도 내지 못했죠.

그러다 19세기를 기점으로 사람들이 하나둘 행동에 나서기 시작해요. 가장 주목할 인물은 아일랜드의 변호사이자 정치인인 리처드 마틴이에요. 마틴은 '소 학대 금지 법'을 만들었어요. 그리고 1822년 6월 21일 영국 왕 조지 4세가 이 법안을 승인하면서 법이 확정되었죠. 이름은 '소 학대 금지법'이지만 법의 보호를 받는 대상은 말과 당나귀와 양도 포함되었어요. 법안이 통과되자, 사람들은 대체 소가 뭐라고 법까지 만드는 거냐며 마틴을 비웃었어요.

며칠 후, 마틴은 거리에서 당나귀를 때리던 빌 번스라는 남자를 발견하고 소송을 걸었어요. 재판장에는 피해자 당나귀도 참석

했어요. 치안 판사는 당나귀의 상처를 확인한 다음 번스에게 20 실링의 벌금을 선고했어요. 이는 법정에서 당나귀가 피해자이자 증인으로 출석한 최초의 재판이자, 동물의 권리를 침해한 혐의로 유죄 판결이 내려진 최초의 재판이었어요.

동물 학대 혐의로 법정에 선 빌 번스와 피해자 당나귀를 증인으로 데려온 마틴
(출처: 위키미디어커먼스)

이 일을 계기로 마틴은 동물 보호에 뜻이 있는 사람들과 자주 어울렸어요. 1824년 그들은 런던의 커피 하우스에서 커피를 홀짝이다가 마침내 '동물학대방지협회'를 설립해요. 10여 년 후, 이 단체는 영국 여왕의 승인까지 얻어 이름을 '왕립동물학대방지협회(RSPCA)'로 바꿔요. 이 단체는 세계에서 가장 오래된 동물 복

지 자선 단체예요. 이름은 왕립이지만 영국 왕실이나 정부의 지원 없이 순수하게 회원들의 기부금으로 운영되는 비정부 기구(NGO)예요.

개구리는 안 되고 오징어는 되는 해부 실습

개구리는 흰쥐와 더불어 생물학 실험에 가장 많이 사용되는 실험용 동물이에요. 특히 개구리는 흔해서 구하기 쉽고 크기도 적당해 해부용으로 안성맞춤이었어요. 염상섭 작가의 소설 중에 『표본실의 청개구리』라는 작품이 있어요. 작품은 해부당한 개구리가 바늘로 찔릴 때마다 고통에 몸부림치는 모습을 묘사하고 있는데요, 이 작품이 일제 강점기에 쓰였으니 개구리가 해부 실습용 동물이 된 것도 100년이 넘은 거예요. 하지만 2020년부터 한국의 초·중·고등학교에서는 살아 있는 개구리를 해부용으로 사용할 수 없어요. 미성년자의 동물 해부 실습을 금지하는 동물보호법 때문이에요.

그런데 오징어는 해부 실습이 가능해요. 지금도 대한민국 과학실 해부대 위에서 수많은 오징어가 난도질당하고 있어요. 우리나라 동물보호법에 따르면 오징어를 해부 실습해도 별문제가 되지 않아요. 이상하게 들리겠지만 사실이에요. 무척추동물들은 고통을 느끼지 않는다고 판단했기 때문이에요. 정말 그럴까요?

'고통'은 동물 복지와 동물권을 이해하는 핵심 키워드예요. 어떤 동물이 인간처럼 고통을 느낀다면 국가가 법으로 그 동물이 고통을 느끼지 않게끔 보호하고 관리해 줘요. 하지만 고통을 느끼지 못하는 동물은 무관심 속에서 방치되어요.

이쯤에서 우리는 고통의 의미를 정확히 짚고 넘어갈 필요가 있어요. 고통이란 뭘까요? 인간은 동물이 인간처럼 고통을 느끼거나, 느끼지 못한다는 것을 어떻게 확신할 수 있을까요? 인간과 동물은 의사소통이 되지 않는데 말이에요.

고통이란, 아프다, 따갑다, 시리다, 답답하다 등의 불쾌한 감각과 슬픔, 외로움, 불안감과 같은 정서적, 심리적인 감정을 아우르는 표현이에요. 인간이 고통을 느끼는 건 중추 신경계를 갖고 있기 때문이에요. 중추 신경계란, 뇌와 척수로 이루어진 신경계를 말해요. 뇌는 잘 알겠는데 척수가 뭘까요? 척수는 우리가 흔히 등뼈라 부르는 척추 안에 들어 있는 신경 다발을 말해요. 두꺼운 전선의 피복을 자르면 안에 여러 개의 전선이 들어 있잖아요? 이처럼 척추 안에는 여러 개의 신경이 들어 있어요.

뜨거운 냄비를 만질 때를 생각해 볼까요? 냄비의 열기에 뜨거움을 느끼면, 우리 몸은 이 신호를 척수로 보내요. 척수는 이 신호를 뇌로 전송해요. 뇌는 신호를 분석해서 통증의 강도를 판단하고 명령을 내려요. 비유하면 척수는 뇌로 통하는 고속 도로인 셈이에요. 그래서 과학자들은 생각했어요.

"자, 그렇다면 우리 인간처럼 중추 신경계를 가진 동물도 고통을 느끼겠구먼."

과학자들은 그런 동물은 뭐가 있을까 하고 찾아봤어요. 척수와 뇌를 갖춘 동물이란, 바로 척추동물을 말해요. 척추동물에는 포유류, 조류, 파충류, 양서류, 어류가 있고요. 그럼 감정은 어떨까요? 인간의 감정은 뇌의 변연계에서 담당해요. 변연계는 뇌의 진화 과정에서 가장 오래된 부분 중 하나인데, 공교롭게도 척추

척추동물

무척추동물

동물인 포유류, 조류, 파충류, 양서류, 어류의 뇌에도 변연계가 있어요.

이것을 근거로, 과학자들은 척추동물만이 고통을 느낀다고 결론을 내렸어요. 그런데 몇몇 과학자가 여기에 의문을 제기했어요. 굴은 척수도, 뇌도 없지만 레몬즙을 끼얹으면 움찔하는 반응을 보여요. 마치 고통을 느끼는 것처럼 말이에요. 문어는 척추가 없지만 3~4세 인간 아기만큼 똑똑해요. 오랫동안 문어를 관찰한 과학자들은 이 영리한 무척추동물이 고통을 느낀다고 확신했어요. 또 바닷가재, 게와 같은 갑각류와 지렁이도 통증을 느낀다는 연구가 발표되었어요. 고통은 더 이상 척추동물의 전유물이 아니었어요. 동물 복지를 중요하게 생각하는 나라들이 움직이기 시작했어요.

2018년, 스위스 정부는 바닷가재를 요리할 때 산 채로 끓는 물에 넣지 못하도록 하는 법을 제정했어요. 영국 정부도 2022년 문어와 낙지 같은 두족류(머리 밑으로 다리가 달린 동물)와 바닷가재, 새우, 게 같은 갑각류를 고통을 느끼는 동물로 인정하고 동물복지법 대상에 추가했어요.

같은 이유로 뉴질랜드도 갑각류를 동물보호법의 대상으로 지정했어요. 동물에 대한 깊이 있는 연구가 계속되고, 생명체의 신비가 풀릴 때마다 고통을 느끼는 동물 리스트는 계속 추가될 거예요. 점점 늘어나는 올림픽 정식 종목처럼 말이에요.

반면 한국의 동물보호법에서 보호 대상이 되는 동물은 여전히 '고통을 느낄 수 있는 신경 체계가 발달한 척추동물'뿐이에요. 동물 실험의 오남용을 막기 위해 만들어진 실험동물법의 적용 대상에서도 무척추동물은 빠져 있죠. 그래서 한국에서는 살아 있는 오징어를 해부해도, 횟집에서 꿈틀거리는 산낙지를 먹어도 처벌받지 않아요. 무척추동물을 대상으로 한 규제법이 없기 때문이에요. 그만큼 한국은 척추동물 중심주의가 강한 나라예요. 덧붙이자면, 동물의 97%는 오징어 같은 무척추동물이에요.

동물보호법을 만든 독재자

1933년, 히틀러는 동물보호법을 제정했어요. 법의 내용은 놀라울 정도로 구체적이었어요. 내용을 조금 살펴볼게요.

나치 독일의 동물보호법

1조 동물 학대

① 동물을 학대하거나 괴롭히는 것을 금지한다.

② 반복해서 혹은 계속해서 감지할 수 있는 고통을 주는 것을 동물 학대로 본다. 이성적으로 정당화될 수 있는 목적을 가지지 않는 한 불필요한 학대이다. 지속적인 고통을 초래하는 행위, 가혹 행위는 심적 안정을 저해할 때 발생하는 것이다.

2조 동물 보호 법안

① 동물을 버리는 행위, 우리의 관리 소홀로 인지 가능한 고통이나 손상을 초래하는 행위

② 가축의 힘을 필요 이상 사용하여 인지 가능한 고통을 주거나 그로 인해 명백한 무능력의 상태를 초래하는 행위

③ 건강상의 위해를 가하는 데모, 영화 촬영, 구경거리 혹은 다른 공공 이벤트에 동물을 사용하는 행위

④ 안락사 외에는 더 사는 것이 고통인 병약하고 무리한 혹은 수명이 다해 가는 동물의 사용 행위

⑤ 말살시키기 위해 가축을 도축하는 행위

⑥ 고양이, 여우나 다른 동물에게 개의 힘을 시험하는
행위

⑦ 2주 넘은 개의 귀와 꼬리를 자르는 행위 (마취해서
할 경우 허용)

⑧ 말의 꼬리를 자르는 행위 (박테리아에 감염된 경우
마취와 함께 치료의 목적으로 할 경우 허용)

⑨ 비전문가, 혹은 마취 없이 고통스러운 수술을 하는
경우 (특별히 마취가 불가능한 경우 수의학 기준에 따라
야 한다.)

⑩ 모피를 얻기 위해 가축을 죽이는 행위

⑪ 가금류를 동물에게 억지로 먹이는 행위

⑫ 산 개구리의 허벅지살을 떼어 내는 행위

(후략)

동물에게 해를 끼치는 모든 행동과 심지어 새에게 강제로 먹이
를 주는 것도 금지했어요. 또 서커스와 동물원에서의 동물 학대
와 동물 실험도 금지했어요. 사냥할 때 말을 타서도 안 되고, 독
과 덫을 사용해도 안 됐죠.

제2차 세계 대전 중에 프랑스를 점령한 독일은 프랑스에도 동

물보호법을 선포했어요. 독일을 증오했던 프랑스인도 이 법만은 환영했다고 하죠. 수백만 명의 유대인을 학살하고 전쟁을 일으킨 독재자 히틀러가 왜 그토록 동물에게 관대했는지는 명확히 알려지지 않았어요. 동물을 이용해 나치의 이미지를 좋게 포장하려던 정치적 수단이라는 지적도 있어요.

다만 히틀러는 채식주의자였고, 자신이 길렀던 개, 셰퍼드 블론디를 무척 아꼈던 것은 확실해요. 1945년 4월 29일, 패전을 예감한 히틀러는 지하 벙커에서 블론디에게 청산가리를 먹여 죽였어요. 다음 날 자신도 목숨을 끊었어요. 블론디를 죽인 이유는 소련군이 들어와 블론디를 잡아먹는 것을 막기 위해서였다고 해요.

전쟁이 끝나고 나치는 몰락했지만 동물보호법은 남았어요. 덕분에 지금도 독일은 세계 최고 수준의 동물 복지를 갖춘 국가로 꼽혀요. 히틀러와 나치가 세상에 남긴 유일하게 의미 있는 유산일 거예요.

그 많던 상아는 어디로 다 사라졌을까?

코끼리를 상징하는 긴 코와 더불어 상아는 고급스럽고 아름다운 색감과 뛰어난 내구성으로 수만 년 동안 인류의 사랑을 받았어요. 인류는 상아를 가공해 피아노 건반, 당구공, 종교 물품, 예술품, 사치품 등을 만들었어요. 탕! 소리와 함께 코끼리가 총에 맞아 쓰러지면, 밀렵꾼은 아직 살아 있는 코끼리의 몸에서 상아만 뜯어내서 사라졌어요. 방치된 코끼리는 하이에나나 아프리카 들개의 먹이가 되었죠. 이런 일이 반복되자 100여 년 전까지 1,000만 마리가 넘던 코끼리의 개체 수가 50만 마리로 줄었어요.

이를 보다 못한 인류는 1989년 상아의 국제 거래를 금지했어요. 하지만 암시장에서는 여전히 상아가 고가에 거래되고 있어요. 이유는 단 하나, 상아는 '돈'이 되기 때문이에요. 암거래 시장에서 상아는 1파운드(약 450g)당 3,300달러(약 440만 원)에 거래되어요. 상아 한 개의 무게가 20~40kg 사이니까 대략 2~4억 원대에 팔리는 거예요. 외제 스포츠 자동차와 맞먹는 가격이에요. 세계적으로 상아 무역 규모는 연간 200억 달러

(약 27조 원)에 달해요.

흥미로운 건, 상아의 국제 거래는 금지되었지만 야생이나 동물원에서 사망한 코끼리의 상아는 거래가 인정된다는 거예요. 이 합법적인 상아 무역의 가장 큰 시장이 바로 일본이에요. 현재 일본에는 최소 200톤 이상의 상아가 비축되어 있으며 정부에 등록한 상아 도소매 업체와 제조업체는 5,000개가 넘어요. 심지어 온라인 쇼핑몰에서도 상아가 버젓이 팔리고 있어요.

일본은 디지털 시대에도 여전히 서류나 공문서 결재에 도장을 사용하는 몇 안 되는 국가예요. 도장은 나무, 플라스틱 등으로도 만들지만 가장 고급으로 쳐 주는 것이 바로 상아로 만든 도장이에요. 일본의 상아 선호는 오래되었어요. 16세기부터 상아를 가공해 장식품, 악기 부품, 다기, 머리 장식, 담배 용기, 액세서리를 만드는 공예 문화가 발달해서 상아의 고정 수요가 높은 나라예요.

거래 자체는 합법적이기는 하나 일본에 비축된 상아의 상당수는 밀렵으로 희생된 코끼리의 것으로 추정돼요. 세계자연기금(WWF)은 일본을 통해 수출되는 상아의 양이 전 세계 상아 밀수출의 95%라고 발표하기도 했어요.

국제 동물 보호 단체는 일본이 전 세계 코끼리를 죽이고 있다며 상아 무역을 당장 중지하라고 일본 정부에 압력을 가하지만, 일본은 우리가 취급하는 것들은 상아 거래가 합법적이었던 1989년 전에 들여온 것이라며 아무런 문제가 없다는 태도를 취하고 있어요.

놀라운 것은 상아가 없는 돌연변이 코끼리들이 아프리카에서 발견되기 시작했다는 점이에요. 그도 그럴 게 밀렵꾼들이 상아를 지닌 코끼리를 집중적으로 죽이면서 상아가 없거나 작았던 소수의 코끼리만 살아남았어요. 상아가 없는 개체가 생존에 유리해진 거죠. '밀렵'이라는 변수에 맞춰 코끼리가 선택한 진화 방식인 거예요.

3장

동물에게도 권리가 있을까?

톰 리건은 1938년 미국 펜실베이니아의 가난한 가정에서 태어났어요. 당시 미국은 세계를 덮친 대공황 때문에 극도로 경기가 나빴어요. 리건은 감자와 고기로 밥을 때웠고, 학비를 벌기 위해 푸줏간에서 일했으며, 생물 시간에 동물 해부를 해도 죄의식 같은 것은 느끼지 못했어요. 리건의 삶에 변곡점이 된 순간은 대학생 때였어요. 베트남 전쟁이 한창이던 1960년대, 리건은 베트남 반전 운동에 뛰어들었어요.

"전쟁을 멈춰라! 폭력은 답이 아니다!"

그러던 어느 날, 리건은 자신의 행동이 모순이라는 걸 깨달았어요. 전쟁에 반대한다면서 아무렇지 않게 육식하는 자신의 모습에 혐오감을 느꼈어요. 리건은 고기를 끊고 채식주의자가 되었어요. 동물 실험과 동물 학대의 실체를 알게 되면서 동물권 운동에 앞장섰어요. 그 후로 30년 넘게 동물권에 대해 강의하고 책을 썼어요.

"대부분의 미국인처럼 저 또한 접시에 담긴 음식과 그 음식이 상징하는 동물의 죽음 같은 건 생각하지 않고 자랐습니다. 어릴 때 티피라는 개를 친구처럼 길렀지만 제게는 이 동물에 대한 애정과 오븐에서 나온 소리 없는 살점을 연관시킬 상상력이 부족했습니다."

동물 복지와 동물권

동물 윤리 단체는 동물의 도덕적 지위를 주장할 때 동물 복지와 동물권을 말해요. 이 둘을 정확하게 구별하는 사람들은 많지 않아요. 동물을 학대하지 않고 부드럽게 대하는 정도로 생각하는 게 대부분이지요. 하지만 동물 복지와 동물권은 엄연히 다른 개념이에요.

동물 복지라는 단어는 1964년 영국의 작가 루스 해리슨이 쓴 『동물기계(Animal Machines)』에서 처음 등장했어요. 이 책에는 사육당하는 가축들의 참혹한 실태가 적나라하게 묘사되어 있었어요. 자신들이 먹는 고기와 달걀이 비윤리적인 방식으로 생산되고 있다는 사실을 알게 된 시민들은 충격에 빠졌어요. 영국 정부는 즉시 전문 위원회를 꾸려 실태 조사에 나섰죠. 그로부터 1년 후인 1965년, 영국 정부는 동물에게는 5대 자유가 있다고 선언했어요.

· 동물의 5대 자유 ·

배고픔으로부터의 자유

불쾌함으로부터의 자유

고통과 질병으로부터의 자유

정상적인 행동을 표현할 자유
공포로부터의 자유

이 5대 자유는 세계로 퍼져 나갔고 현대 동물 복지의 근간이자 지침으로 뿌리내렸어요. 복지는 한마디로 웰빙(well being)이에요. 잘 먹고, 잘 자고, 근심 없이 사는 인생을 추구하는 것이지요. 동물 복지가 추구하는 것도 동물의 웰빙이에요. 살아 있는 동안 쾌적한 공간에서 질 좋은 먹이를 충분히 제공받고, 구타와 매질 같은 학대를 당하지 않으며 생의 마지막 순간에는 두려움과 고통 없이 눈을 감을 수 있어야 해요. 만일 인간이 동물에게 그런 환경을 제공해 준다면, 인간이 동물의 가죽과 털로 만든 옷을 입고 고기를 먹는 것은 문제가 되지 않아요. 요약하면, 동물 복지는 동물을 인도적으로 대우하기만 하면 인간이 동물을 사용할 권리가 있다고 간주해요. 즉, 동물 복지는 인간 중심주의의 틀을 유지하고 있는 사상이에요.

동물권은 이 정도로는 성에 안 차요. 말이 좋아 웰빙이지, 결국 인간이 자신들의 이익을 위해 동물을 수단으로 이용하는 것뿐이라며 동물 복지를 비판해요. 동물권은 인간이 동물을 이용하는 모든 것을 거부해요. 동물원이나 수족관에 동물을 전시하는 것

동물 복지

동물권

도 반대하고, 실험실에서 동물 실험하는 것도 반대합니다. 털목도 리도 반대하고, 구스 다운도 반대해요. 육식? 그건 두말하면 입만 아파요. 모든 채식주의자가 동물권을 지지하지는 않지만, 동물권 활동가는 모두 채식주의자예요. 몇몇 동물권 단체는 동물을 위한 일이라면 법을 어기는 것도 주저하지 않아요. 좋게 평가하면 실천적이고, 나쁘게 말하면 과격하죠.

동물권과 법적 지위

끔찍한 동물 학대 사건이 뉴스에 나오면 동물 단체들은 우르르 거리로 나와 캠페인을 벌이고 시위를 해요. 하지만 그런 방법은 한계가 있어요. 동물 학대가 벌어질 때마다 거리로 나설 수는 없으니까요. 근본적인 대책이 필요해요. 바로 동물에게 법적 지위를 부여하는 것이에요.

과거에는 여성이 남성보다 차별을 받았어요. 여성의 법적 지위가 낮았기 때문이에요. 불과 100여 년 전까지 여성은 투표권이 없었어요. 정치인들도 투표권이 없는 여성을 위한 정책이나 법을 만드는 데 애쓰지 않았어요. 하지만 1차 세계 대전을 끝으로 여성이 투표권을 가지면서 정치인들은 여성의 눈치를 살펴야 했어요. 투표권이 있는 사람의 눈 밖에 잘못 나면 다음 선거에서 낙선할 수 있으니까요. 그때부터 여성을 위한 정책이 시행되고 관련 법도 만들어졌어요. 여성의 법적 지위가 올라가자 여권은 점점 더 강해졌어요.

동물도 마찬가지예요. 한국에서 동물은 민법상 '물건'으로 간주해요. 내가 누군가에게 맞으면 가해자는 형사법상 폭행죄로 처벌받아요. 하지만 우리 집 강아지를 걷어찬 아저씨에게는 재물손괴죄, 즉 재물에 손해를 입힌 죄가 적용돼요. 당연히 폭행죄보다 처벌 수위가 낮아요.

한국과 달리 오스트리아, 독일, 스위스는 민법상 동물은 물건이 아니라고 명시하고 있어요. 하지만 국가 차원에서 동물의 권리, 즉 동물권을 법적으로 명시한 나라는 없어요. 그래서 동물권 단체는 동물의 법적 지위를 강화하려고 애쓰고 있어요. 그래야 동물이 법의 보호를 제대로 받을 수 있으니까요.

동물이 권리를 주장할 수 있을까?

그렇다면 동물은 어떤 권리를 가질 수 있을까요? 인간이 누리는 모든 권리를 똑같이 줘야 한다는 뜻일까요? 사자에게 투표권을 주고, 개코원숭이에게 총기 소유권을 주고, 고라니에게 주주권을 주고, 개미핥기에게 노조 결성권을 줘야 할까요? 그렇게 한

들 그게 무슨 의미가 있을까요?

이런 질문과 의혹에 대해 동물권 단체는 이구동성으로 말해요. 동물권은 인간의 모든 권리를 동물도 똑같이 가지자는 것이 아니라고요. 동물이 고통과 학대를 받지 않을 권리, 생명을 유지할 권리, 자유롭게 행동할 수 있는 권리를 말한다고요. 하지만 그것이 구체적으로 어떤 권리인지는 여전히 모호해요. 동물의 권리가 어디까지인지, 어떻게 보장할 수 있는지 애매한 부분이 많지만, 동물의 권리를 주장한 사례는 있어요. 2장에서 동물을 피고나 증인으로 법정에 세웠던 동물 재판을 기억하시나요? 이번에는 동물을 원고로 세워 권리를 주장한 사례에 대해 알아볼게요.

동물권과 유사한 것으로 자연의 권리라는 게 있어요. 동식물, 산, 강 등의 자연물에도 권리가 있다는 개념이죠. 정부나 건설사가 산과 호수 등을 개발해 골프장이나 주택, 공단을 조성하는 과정에서 생물들이 피해를 볼 때, 시민 단체 등이 피해 당사자인 야생 동물을 원고로 내세워 소송을 벌이곤 해요. 우리나라도 2003년 고속 철도 건설을 위해 경남 천성산에 터널을 뚫자, 환경 단체가 그곳에 서식하던 꼬리치레도롱뇽을 원고로 내세워 공사를 금지해 달라는 소송을 낸 적이 있어요. 한국 최초의 자연의 권리 소송이었어요. 소송 결과, 대법원은 원고 꼬리치레도롱뇽에게 패소

판결을 내렸는데, 도롱뇽은 소송할 권리가 없다는 게 그 이유였어요.

유사한 일이 2021년 남미의 콜롬비아에서도 발생했어요. 20세기의 악명 높은 마약왕 파블로 에스코바르는 저택에 네 마리의 하마를 기르고 있었어요. 1993년 에스코바르는 콜롬비아 경찰과 미국 마약 단속국에 붙잡혀 사살됐어요. 주인이 죽자, 하마들은 인근 강과 호수로 도망갔는데 30년이 지나자 그 숫자가 약 130마리로 늘어나고 말았어요. 콜롬비아에는 육중한 체구에 성격마저 난폭한 하마의 천적이 없어요. 전문가들은 이대로라면 10년 내로 그 숫자가 네 배로 늘어날 거라 경고했어요. 하천 생태계 교란은 물론 인간에게도 위협이 될 수 있었어요. 결국 콜롬비아 정부는 하마의 일부를 죽여 개체 수를 조절하기로 했어요.

소식을 들은 콜롬비아 동물 보호 단체가 하마의 살처분을 막는 소송을 제기했어요. 여기서도 원고는 동물 보호 단체가 아닌 하마였어요.

한국에서 동물은 소송권이 없지만, 콜롬비아는 자신의 이익을 위해 동물이 소송을 제기하는 것이 법적으로 가능한 나라예요. 미국의 동물법률보호기금 (ALDF)도 하마 구하기 작전에 참전했어요. 동물법률보호기금은 오하이오 법원에 콜롬비아에서 열릴 하

WANTED
에스코바르의 애완 하마

죄명: 생태계 교란 및 원주민 공격
특징: 육중한 체구, 난폭한 성격

마 재판에 미국인 전문가를 증인으로 보내 줄 것을 요청했어요. 오하이오 법원은 이 요청을 승인했죠.

이는 굉장히 의미 있는 일이에요. 원고가 동물인 외국 재판에 자국민이 증인으로 가는 것을 미국 법원이 승인했다는 것은 하마라는 동물을 법적인 인격체로 인정했다는 뜻이에요. 이렇게 인간이 아닌데 법적으로 인격권을 가진 존재로 인정하는 것을 법인이라고 불러요. 미국 사법 역사상 최초로 동물을 법인으로 인정한 사례예요.

세상에 동물 해방을 선언하다, 피터 싱어

다윈의 『종의 기원』을 시작으로 19세기에 등장한 진화론은 많은 사람을 불편하게 했어요. 수천 년간 자신들의 노예에 불과했던 동물과 인간이 뿌리가 같다는 사실을 받아들이기 힘들었어요. 인간이 속한 사피엔스(sapiens) 종은 본질적으로 다른 종보다 우월하며, 그래서 다른 종에게는 허락되지 않는 특권이 있다는 오래된 믿음이 있었지요. 1970년 영국 철학자 리처드 라이더는 이것을 '종 차별주의(speciesism)'라고 불렀어요. 하지만 이 단어는 당시에는 대중에게 그리 깊은 인상을 주지 않았어요. 5년 후인 1975년, 29세의 호주 청년 피터 싱어는 『동물 해방』이라는 책에서 '종 차별주의'를 다시 언급했어요. 대략 이런 내용이에요.

> 동물도 인간처럼 고통을 느낀다. 고통을 느끼는 생명체는 종을 떠나 동등하게 대해야 옳다. 동물을 차별하는 것은 종 차별주의이고, 종 차별주의는 인종차별이나 성차별만큼 잘못됐기 때문이다. 인간과 동물은 동등하므로 동물에게도 인간처럼 이익과 권리를 줘야 한다.

책은 출간 첫해에만 50만 부가 팔렸고 '종 차별주의'는 시대정신을 상징하는 용어가 되었어요. 원곡을 부른 가수보다 리메이크한 가수가 히트한 셈이라고나 할까요?『동물 해방』을 읽은 한 여성 동물 활동가는 이 책은 동물을 인식하는 방법을 바꿔 놓았다고 평가했어요. 미국의 한 기자는 싱어가 동물권 운동을 탄생시켰다고 썼죠. 설마 그렇게까지? 의심하는 친구들도 있겠지만,『동물 해방』은 그런 평가를 받을 만한 기념비적인 책이었어요.

당시에도 동물 보호 단체와 동물 운동가들은 있었지만, 그들의 주된 관심은 버려지고 학대받는 개와 고양이 같은 반려동물이었어요. 소, 돼지, 양과 같은 동물의 권리를 다루는 동물 단체는 사실상 없었어요.

고통을 느끼는 모든 존재는 동등하게 대해야 한다는 피터 싱어의 주장은 영국 철학자 제러미 벤담의 영향을 받았어요. 여러분도 분명 한번쯤 들어 봤을 거예요 '최대 다수의 최대 행복'이라는 유명한 말을 남긴 사람이에요. 벤담은 동물에게 이성이 없으므로 도덕적 지위가 없다는 철학자들의 주장에 코웃음을 쳤어요. 벤담이 보기에 중요한 것은 이성이 있느냐 없느냐가 아니라, 그 생명체가 고통을 느끼느냐, 느끼지 않느냐였거든요. 동물도 인간처럼 고통을 느끼는 존재이므로 도덕적으로 고려해야 한다고 생각했어요.

동물의 고통에 둔감하던 시기에 밀집 사육 시스템을 비판하고 동물에게도 인간과 똑같은 도덕적 원칙을 적용해야 한다는 싱어의 주장은 분명 시대를 앞선 것이었어요. 동물권 운동이 나아가야 할 방향을 제시하고, 동물권 운동의 탄탄한 철학적 기반을 정립했죠. 그래서 사람들은 『동물 해방』을 동물권 운동의 바이블, 피터 싱어를 동물권의 아버지라고 불러요.

내재적 가치를 지닌 존재에게 권리를, 톰 리건

동물권 활동가들은 '비인간 동물(non-human animal)'이라는 단어를 즐겨 사용해요. 이 말을 처음 들은 일반인은 뭐? 하면서 순간 머릿속이 멍해져요. 비인간 동물, 풀이하면 인간을 제외한 동물, 그러니까 우리가 아는 그 동물이에요. 소, 돼지, 닭 같은.

사실 생물학적 기준으로는 인간도 동물이 맞아요. 그런데 우리 인간은 동물 취급당하는 걸 모욕으로 받아들여요. 심한 욕 중에 하나가 '짐승 같은 놈'이기도 하고요. 인간은 스스로가 동물보다 우월한 존재라고 확신해요. 동물권 활동가들은 이런 우월감이야말로 인간 중심주의이고, 종 차별적 발상이라고 간주해요. 이에 대한 반동 심리로 만들어진 단어가 비인간 동물이에요. 인간과 동물은 절대 다르지 않다는 걸 강조하는 말이죠.

그런데 동물과 인간이 대체 무엇이 다르지 않다는 걸까요? 인간은 도구를 사용하고, 언어와 문자를 갖고 있으며, 법과 제도를 통해 사회를 유지하고 문명을 발전시켜 왔어요. 다른 동물에게 이런 고도의 지적 능력이 있나요? 톰 리건은 이 질문에 대해 이렇게 대답했어요.

인간과 동물이 같다는 건 둘 다 내재적 가치를 가졌다는 뜻입니다. 내재적 가치란 삶의 주체가 가지는 가치를 말하지요.

삶의 주체란 자신의 삶을 주체로서 살아가는 생명체를 말해요. 우리 인간은 고통을 느끼고, 감정과 기억과 욕구와 지각과 미래를 의식하잖아요? 그래서 인간은 삶의 주체예요. 리건은 삶의 주체는 그 자체만으로 가지는 내재적 가치라는 게 있어서 도덕적 대우를 받을 권리가 있다고 말했어요. 리건은 동물도 사람처럼 욕망이 있고, 취향과 생존 의지와 감정이 있기 때문에 삶의 주체라고 보았어요. 그래서 동물도 도덕적으로 대우를 받을 권리가 있다고 주장했어요.

톰 리건은 동물권에서 피터 싱어와 더불어 중요한 인물 중 한 명이에요. 피터 싱어가 동물권 운동을 창시했다면, 실질적인 동물권 운동의 기반을 닦은 사람은 톰 리건이에요. 실제로 오늘날 많은 동물권 활동가는 동물은 내재적 가치를 가지고 있다는 리건의 입장을 채택하고 있어요.

종 차별주의자 선언, 칼 코헨

자, 한번 상상해 볼까요? 유엔에서 '절대적으로 지켜야 할 세계 동물권선언'을 발표했다고 칠게요. 모든 동물은 자신의 생명을 보장받을 권리인 생명권을 갖고 있다는 내용이에요. 평화로운 사바나 국립공원에서 새끼 얼룩말이 유유히 풀을 뜯고 있어요. 멀지 않은 곳에서 나흘을 굶은 사자가 그 모습을 훔쳐보고 있어요. 사자는 어떤 선택을 할까요? 유엔이 선언한 세계동물권선언을 지킬까요? 우리는 이미 답을 알고 있어요. 굶주린 사자는 인간이 만든 문서 따위는 신경 안 쓰고 얼룩말에게 달려들 거예요. 그럼 유엔이 선언한 새끼 얼룩말의 생명권은 침해당하는 거예요. 마침 지나가던 공원 관리인이 그 모습을 발견했다고 할게요. 여기서 새끼 얼룩말을 도우면 사자가 굶어 죽고, 모른 척하면 새끼 얼룩말이 물어뜯겨 죽어요. 어떤 선택을 하든 한 마리의 생명권이 박탈당하는 것은 막지 못해요.

여기서 미국의 철학자 칼 코헨은 질문을 던져요.

"자, 이래도 동물에게 권리가 있다고 생각하세요?"

코헨은 동물에게는 권리가 없다고 주장했어요. 코헨이 보기에 권리란 것은 어떤 생명이 고통을 느끼고, 내재적 가치가 있다는 이유로 함부로 막 퍼 줘도 되는 게 아니었어요. 도덕적인 판단을 할 수 있고 도덕적인 책임을 질 수 있는 존재만이 권리를 가질 수 있다고 생각했어요.

예를 들어 인간은 배가 고파도 빵을 훔치는 건 도덕적으로 옳지 못하다는 걸 알고 있어요. 도저히 굶주림을 못 이겨 장발장처럼 빵을 훔치다 걸리면 자신의 행동에 부끄러움을 느끼고 처벌받는 것을 받아들여요. 그렇기에 인간은 권리를 가질 자격이 있어요. 하지만 동물은 어떤가요? 동물도 무엇이 옳고, 나쁜 행동인지 판단할 수 있고, 잘못을 저지르면 반성하는 도덕적 능력이 있나요? 동물은 화가 나면 부모도 공격하고, 배가 고프면 새끼도 잡아먹지만, 그것을 잘못된 행동이라고 생각하지 않을뿐더러, 반성도 하지 않아요. 그렇기에 동물은 권리가 없어요. 애초에 권리란 인간이 공동체를 유지하기 위해 만들어 낸 관념인데, 본능의 법칙이 지배하는 야생의 동물에게 적용하는 것은 무리예요.

심지어 코헨은 동물 실험이 동물의 권리를 침해하지 않는다고 말해요. 이유는 간단해요. 애초에 동물은 침해당할 권리라는 게 없기 때문이에요. 코헨이 동물 실험을 옹호하는 것은 젊은 시절에 겪은 아픈 기억 탓도 있어요. 1948년 코헨은 어린이 캠프에서 보조 교사를 하면서 당시 미국을 휩쓸었던 소아마비의 무서움을 몸으로 체험했어요. 수십만 명의 어린이가 소아마비로 죽거나 영구 장애로 평생을 고통 속에 살았죠. 1953년, 미국의 조너스 소크가 원숭이 실험을 통해 소아마비 백신 개발에 성공하면서 비로소 많은 어린이와 부모들은 소아마비의 공포에서 벗어날 수 있었어요. 코헨은 현대 의학의 발전에 동물 실험이 큰 지분을 차지하고 있다고 생각해요.

코헨은 평소에도 스스로를 '나는 자랑스러운 종 차별주의자'라고 말하는 괴짜 철학자예요. 그렇다고 해서 코헨이 동물을 학대해도 괜찮다고 말한 것은 아니에요. 비록 동물에게는 권리가 없지만, 인간은 동물을 도덕적으로 돌볼 의무가 있다고 말했어요. 여러분은 코헨의 주장을 어떻게 생각하나요?

FBI가 주시하는 동물 보호 단체

1998년 8월 영국 남서부의 뉴포레스트, 어둠이 내리자 복면을 쓴 남자들이 펜스로 둘러싸인 건물에 침입했어요. 펜스 너머에는 6,000마리의 밍크가 갇혀 있었어요. 털을 얻으려고 밍크를 기르는 것은 침입자들의 신념에 따르면 용서할 수 없는 죄악이었죠. 남자들은 밍크들을 근처 늪과 습지에 풀어 줬어요. 이들의 정체는 동물해방전선(ALF)의 회원들이에요.

동물해방전선, 이름만 들으면 무장 게릴라 조직이 생각나는 이 단체는 급진주의 동물권 단체예요. 비주류에 소수인 동물권 단체 중에서 동물해방전선은 예외적으로 논란이 끊이지 않았어요. 동물해방전선의 대표적인 활동가였던 키스 맨은 동물해방전선이 하는 일에 대해 이렇게 표현했어요.

"복면을 쓴 깡패들이 연구소 급습, 창고 약탈, 창문 깨기, 건설 중단시키기, 울타리 철거, 사무실 불 지르기, 자동차 타이어 터뜨리기, 전화선 절단 및 전기 차단, 현장 침투, 사냥개 훔치기, 모피 코트 자르기, 건물 파괴, 강도질하는 것. 이것이 동물해방전선이 하는 일이다."

동물해방전선의 시작은 1963년으로 거슬러 올라가요. 영국 언론인 존 프레스티지는 사냥협회를 취재하던 중에 사냥꾼들이 임신한 암사슴을 죽이는 모습을 목격했어요. 분노한 프레스티지는 사냥방지협회(HSA)라는 단체를 결성했어요. 이 사냥방지협회가 동물해방전선의 모체예요. 회원들은 뿔 나팔을 불고 향수를 뿌려 사냥개를 교란해 사냥꾼을 골탕 먹이곤 했어요. 이때만 하더라도 다소 짓궂기는 하지만 과격하다고는 말할 수 없는 수준이었죠.

하지만 당시 회원이었던 젊은 청년 로니 리는 사냥방지협회의 방식이 영 마음에 들지 않았어요. 그래서 1972년에 과격한 성향의 자비단(Band of Mercy)을 설립했어요. 자비단은 동물 백신을 연구하는 제약회사 연구실에 불을 질러 2만 6,000파운드의 피해를 줬어요. 이후에도 동물 실험실과 농장에 무단으로 침입하는 등 소란을 피우고 재산 손해를 끼쳤어요. 몇몇 농장주는 이들의 등쌀에 견디다 못해 농장 문을 닫기도 했죠. 결국 로니 리는 체포되었고 석방 후에 동물권을 침해하는 모든 산업에 폭력적으로 응징하는 단체인 동물해방전선(ALF)을 설립했어요.

미연방수사국(FBI)의 보고서에 따르면, 1990년대에 동물해방전선이 동물 연구 시설, 모피 회사, 밍크 농장, 레스토랑에 입힌 피해액은 4,500만 달러가 넘어요. 또 미국국토안보부의 발표에 의하면 1995년부터 2010년 사이에 발생한 239건의 방화와 폭탄 공격 중 45%가 동물해방전선의 소행이었다고 해요.

　거듭되는 동물해방전선의 소행에 지친 사람들은 동물을 보호하는 취지는 좋지만, 너무 과격하지 않냐며 한 소리하기 시작했어요. 그럴 때마다 동물해방전선은 자신들은 폭력은 행사하지 않는다며 아무도 믿지 않는 대답을 내놓았죠. 동물 애호가들의 급진주의적 행동은 결국 FBI의 레이더망에 걸렸어요. 현재 FBI는 미국에서 테러가 발생하면 가장 먼저 수사할 대상 중 하나로 동물해방전선을 지목하고 있어요.

미국 델라웨어의 주부 세실 스틸은 황당했어요. 얼마 전 병아리 50마리를 주문했는데 배송된 병아리는 그 열 배인 500마리였어요. 마을에서 가장 큰 농장도 닭이 300마리인데, 세실은 평범한 가정주부일 뿐이었어요. 그때, 세실의 머릿속에 엉뚱한 생각이 떠올랐어요. 바로 병아리를 육계로 키워 보는 거였어요.

육계는 고기용 닭이에요. 20세기 초까지 미국에서 닭고기는 꽤 귀한 식자재였어요. 소고기보다 비쌌죠. 그도 그럴 게 농가에서는 주로 달걀을 얻을 목적으로 닭을 길렀거든요. 그러다 암탉이 늙어 알을 낳지 못하면 잡아먹었는데, 늙은 닭은 질기고 맛이 없었어요. 세실도 달걀이나 좀 먹을까 해서 병아리를 주문했던 거고요.

세실은 원룸 크기의 헛간에 500마리의 병아리를 키웠어요. 100마리 이상이 죽었지만 387마리는 성계로 키우는 데 성공했어요. 세실은 이 닭을 식당과 호텔에 한 마리당 62센트에 팔았어요. 기세가 오른 세실은 다음 해에 병아리 1,000마리를 주문했고, 1928년이 되었을 때 세실의 헛간에는 2만 6,000마리의 닭이 꼬꼬 하며 돌아다녔어요.

세실은 닭을 팔아 저택과 고급 승용차와 요트를 포함해 수십억 달러를 보유한 자산가가 되었고, 세실의 성공 신화에 자극을 받은 이웃 농가도 앞다퉈 육계 사업에 뛰어들었어요. 지금도 델라웨어주에서 매년 1억 5,000만 마리의 육계가 생산되고, 미국의 대형 육계 가공 회사 중 세 곳이 여기에 진출해 있어요. 1983년 델라웨어주는 세실의 이름을 여성 명예의 전당에 올렸어요.

공장식 축산의 등장

미국 작가 조너선 사프란 포어는 자신의 책 『동물을 먹는다는 것에 대하여(Eating Animals)』에서 현대 공장식 축산의 발명은 세실 덕분이라고 이야기했어요. 공장식 축산이란, 좁은 공간에 많은 수의 동물을 가둬서 사육하는 방식을 말해요.

세실은 운이 좋았어요. 아니, 타이밍이 절묘했다고 해야겠네요. 전통적으로 닭은 야외에 풀어놓고 키우는 동물이었어요. 돌아다니며 벌레도 잡아먹고, 잠도 자고 구덩이를 파서 몸에 기생하는 진드기를 흙으로 떼어 내는 '모래 목욕'도 했어요. 대신 그만큼 넓은 공간이 필요했죠. 그래서 일반 농가에서 많은 숫자의 닭을 기르기란 쉽지 않은 일이었어요. 무리하게 실내에서 키우면 발육은 부진해지고, 알도 잘 낳지 못해요. 특히 햇볕을 충분히 쬐지 못한 닭은 비타민D 결핍으로 뼈가 물렁물렁해지는 구루병에 걸려 사망하기 일쑤였어요.

그런데 세실의 집에 병아리 500마리가 배송되기 바로 1년 전에 비타민D가 발견되었어요. 비타민D는 뼈를 튼튼하게 하는 칼슘과 인의 흡수를 도와요. 그 몇 년 전에는 비타민A가 발견되었죠. 비타민A는 면역력을 강화해 질병에 잘 걸리지 않게 해 주는 필수 영양소예요. 이런 비타민이 첨가된 사료를 닭에게 먹이면 실내에서도 닭을 건강하게 키울 수 있어요. 또 1925년에는 최초의 냉장 트럭이 발명되었어요. 냉장 트럭 덕분에 신선한 상태의 고기를 소비자가 있는 곳까지 운송할 수 있었어요. 세실이 좁은 공간에서 많은 닭을 키울 수 있었던 것은 이런 조건들이 뒷받침되었기에 가능했어요.

세실의 방식이 대성공을 거두자, 돼지와 소를 키우는 농가와 축산 기업도 재빨리 공장식 축산 방식을 도입했어요. 그 결과 공장에서 물건을 펑펑 찍어 내듯 엄청난 양의 고기와 알과 유제품이 생산되었어요. 경제학의 수요-공급 법칙에 따라 공급량이 늘면 가격은 하락해요. 소비자들은 과거에는 부담스러운 가격으로 자주 맛볼 수 없던 귀한 고기를 이제는 저렴한 가격에 양껏 구입할 수 있게 되었고 식탁은 한층 푸짐하고 다채로워졌어요. 하지만 사람들은 미처 알지 못했어요. 이 풍요로움이 수많은 동물의 고통과 맞바꾼 것이라는 걸요.

동물을 기계로 생각하라

맑고 푸른 하늘 아래 탁 트인 푸른 초원, 거기서 한가로이 풀을 뜯는 젖소들, 어미 소는 생후 5개월쯤 되는 송아지를 핥아 줍니다. 잠시 후, 밀짚모자를 쓰고 장화를 신은 아저씨가 사람 좋은

얼굴을 하고 다가와요. 아저씨는 젖소를 친근하게 쓰다듬어 주고
는 양동이에 젖을 짜기 시작하죠. 그 장면 아래로 우유와 치즈를
생산하는 기업의 로고와 제품 브랜드가 화면에 떠요.

　　한 번쯤은 텔레비전에서 이런 광고를 본 적이 있을 거예요. 소
비자들은 광고를 보면서 우리가 먹고 마시는 유제품이 저런 목
가적인 환경에서 자란 동물들에게서 나온 것이라고 믿게 돼요.
현실은 이렇게 아름답지 않아요. 한국의 경우 사육되는 가축의
99%는 하늘 한번 보지 못하고 축사에서 생을 마감해요. 전 세계
적으로는 육상 가축의 대략 74%가 공장식으로 사육되는데 이는
약 230억 마리의 동물이 공장식 축사에 갇혀 있다는 것을 의미

해요. 여기에 양식장의 생선처럼 사육 비율이 사실상 100%인 어류를 포함하면 전체 가축의 약 94%가 공장식 축산 방식으로 사육되는 셈이에요.

공장식 축산의 핵심은 최소한의 비용을 투입해 최대한의 이익을 뽑아내는 거예요. 그래서 협소한 우리에 터무니없이 많은 수의 동물을 욱여넣어요. 이렇게 하면 일꾼 한 명이 수천 마리의 동물을 관리할 수 있어서 인건비가 적게 들어요.

공장식 축산이라는 이름처럼, 축사는 공장이고 동물은 기계예요. 기계는 한가하게 하늘을 올려다보고, 풀을 뜯고, 새끼를 돌볼 시간이 없어요. 주인의 은행 잔고를 채우기 위해 쉬지 않고 고기와 젖과 알과 털과 가죽을 생산해야 해요. 실제로 1976년 미국 양돈업계가 발행한 잡지 『Hog Farm Management』에는 다음과 같은 내용이 실렸어요. '돼지가 동물이라는 생각은 잊고 그냥 공장의 기계인 것처럼 다뤄라.' 1978년 또 다른 축산 잡지 『National Hog Farmer』에는 '어미 돼지는 소시지 기계처럼 새끼 돼지를 끊임없이 생산하는 귀중한 기계로 생각하고 취급해야 합니다.'라는 내용이 실렸어요. 지금이라고 다른 건 아니에요. 여전히 대부분의 가축을 기계처럼 취급하고 있어요.

가축의 삶

암탉은 창문 없는 창고 내부에 설치된 '배터리 케이지(battery cage)'에 수용돼요. 배터리는 정렬된 대포의 포열을 말하고 케이지는 철망으로 된 우리예요. 철망 우리가 여러 단으로 쌓여 있는 모습이 포열과 닮았다고 해서 배터리 케이지라는 이름이 붙었어요.

배터리 케이지의 바닥은 닭의 배설물이 떨어지도록 철망으로 되어 있고, 닭이 낳은 알은 홈을 향해 굴러갈 수 있도록 경사져 있어요. 또 닭이 철망 밖으로 머리만 내밀면 사료를 먹을 수 있게끔 머리 바로 앞쪽에 사료 통을 설치했어요. 요약하면, 제자리에서 먹고 싸면서 알을 계속 낳으라는 의미인 거예요.

배터리 케이지에 갇힌 암탉들

케이지 하나에는 최대 열 마리의 암탉이 다닥다닥 붙어 있고, 이런 케이지가 고층 아파트처럼 몇 개의 층을 이루고 있어요.

닭 한 마리가 차지할 수 있는 넓이는 A4 용지 정도예요. 몸을 옆으로 돌리지도 못하는 닭들은 극심한 스트레스를 받아요. 이럴 때 닭들은 옆의 닭을 물어뜯고 깃털을 뽑는 공격성을 드러내는데, 이를 방지하기 위해 주인은 닭의 부리를 모두 잘라 내요. 부리를 자를 때는 비용 때문에 마취제 같은 건 사용하지 않아요.

돼지는 '스톨(stall)'이라는 좁은 철제 틀에서 일생을 보내요. 암컷 돼지는 새끼를 낳기 전에는 임신 틀에서 지내다 출산이 임박하면 분만 틀로 보내져요. 그곳에서 3~4주 정도 새끼에게 젖을 먹이다 다시 임신 틀로 혼자 돌아와 그곳에서 다음 임신 준비에 들어가요. 그리고 이날 이후 어미 돼지와 새끼 돼지는 영영 만나지 못해요. 말 그대로 임신 기계라고 할 수 있어요.

이렇게 태어난 새끼 돼지는 인간에 의해 이빨이 뽑히고 꼬리가 잘려 나가요. 어미와 이별한 데다 좁은 축사에 갇힌 돼지는 스트레스로 예민해져 다른 돼지의 꼬리를 물어뜯는 공격성을 드러내기 때문이에요.

한편, 수소는 생후 6개월이 되면 생식 기능을 상실하게 하는 시술인 거세를 받아요. 그렇게 하면 수컷 호르몬이 감소해 고기가 부드러워지기 때문이에요. 자연 상태에서 소의 평균 수명은 20년이지만, 늙은 소는 고기가 질겨서 상품 가치가 떨어져요. 그래서 가장 제값을 받을 수 있는 나이인 2~3세가 되면 도축장으로 끌려가 생을 마감해요. 인간으로 비유하면 청소년기에 사망하는 셈이에요.

가축용 돼지와 닭은 소보다 더 짧은 인생을 살다 가요. 자연 상태에서 평균 수명이 15년인 돼지는 첫 생일을 맞기도 전인 생후 6개월에 도축되고, 평균 수명이 8년인 닭은 육계 기준 한두 달 안에 죽음을 맞이해요. 하지만 그 어떤 가축도 수평아리의 최후만큼 비극적이지는 않아요. 부화장에서 알을 깨고 병아리가 나오면 농장 측에서는 가장 먼저 성별을 감별해요. 수평아리는 감별 즉시 분쇄 기계에 들어가거나 가스를 마시고 죽어요. 수탉은 알도 낳지 못하는 데다 성장도 느려 돈이 안 된다는 게 그 이유예요. 이런 식으로 매년 약 70억 마리의 수평아리가 날갯짓 한 번 못 하고 하늘의 별이 되는 거예요.

동물 복지 인증 식품과 그린 워싱

1980년대부터 동물 보호 단체의 폭로와 언론의 보도로 공장식 축산의 실태가 알려졌어요. 대중의 반응은 제각각이었어요. 그

정도인 줄은 몰랐다며 놀라거나 슬퍼하기도 하고, 그게 가축의 운명인 거라며 덤덤히 받아들이기도 하고, 내 알 바 아니라며 무시하기도 했어요. 하지만 눈과 귀를 막고 애써 모른 척하거나 덮어 버리기에는 드러난 실체가 하나같이 충격적이고 비인도적이었어요. 특히 동물 축사에서 매일 쏟아져 나오는 엄청난 폐기물과 사료에 섞어 먹이는 항생제가 환경에 치명적이라는 사실이 알려지면서 세계는 더는 뒷짐만 지고 방관할 수 없었어요.

가장 먼저 움직인 곳은 동물 보호에 적극적인 유럽이었어요. 2012년 유럽 연합(EU)은 닭의 배터리 케이지 사육을 금지하고 다음 해인 2013년에는 돼지의 스톨 사육을 금지했어요. 미국도 2008년 플로리다를 시작으로 메인, 캘리포니아 등 여러 주에서 단계적으로 스톨 사육을 금지하는 법안을 만들기 시작했어요. 이 흐름에 기업들도 동참해야 했죠. 그렇게 하지 않으면 불매 운동을 벌이겠노라고 동물 단체, 환경 단체, 소비자 보호 단체가 눈을 부라리며 으르렁댔거든요.

세계 최대의 패스트푸드 체인점 맥도날드와 세계 1위 식품 기업 네슬레는 배터리 케이지에서 생산된 달걀을 쓰지 않겠다고 발표했어요. 그렇게 만들어진 게 난각 번호 표시제예요. 우리나라에서는 2012년부터 시행되었어요. 달걀 껍데기에는 숫자와 알파

벳으로 조합된 열 자리 번호가 찍혀 있어요. 이것을 난각 번호라고 해요. 소비자가 시중에 유통되는 달걀이 언제, 어떤 환경에서 생산되었는지 확인할 수 있어요. 그중 맨 끝자리 숫자는 1, 2, 3, 4 중 하나인데 각 숫자는 사육 환경을 의미해요.

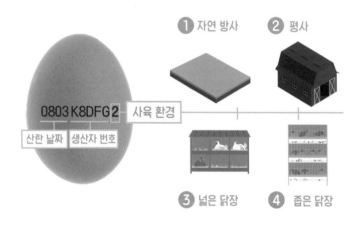

1은 자연 방사로 가축을 묶어 두거나 가두지 않고 풀어서 기르는 사육 방식을 뜻해요. '방목'이라고 표현하기도 해요. 1번은 동물 복지 인증을 받은 달걀로, 포장지에 동물 복지 마크가 붙어 있는 걸 확인할 수 있어요. 당연히 1번 표시 달걀이 가장 비싸고, 숫자가 높을수록 저렴해요. 예전에는 무심코 집어 들었던 달걀이지만, 지금은 값은 좀 비싸도 동물의 고통이 덜한 동물성 제품을 구매하려는 소비자가 늘어났어요. 또 이런 환경에서 기른 동물들은 축사에 간힌 동물보다 운동할 기회도 많고 스트레스도 적을 테니 건강할 것이고, 건강한 동물의 고기는 몸에도 좋을 것이라는 믿음도 생기지요. 달걀뿐만이 아니에요. 방목 라벨이 붙은 고기도 마트에서 판매되고 있어요.

동물 복지 마크가 붙은 달걀(왼쪽)과 일반 달걀(오른쪽)

그런데 자연 방사의 현실은 우리가 알고 있는 것과는 거리감이 상당해요. 방사해서 키운 암탉이 낳은 달걀을 케이지 프리(cage-free) 혹은 프리 레인지(free-range) 달걀이라고 불러요. 우리는 그 제품을 보면서 닭들이 태양 빛 아래에서 자유롭게 꼬꼬, 하며 돌아다니고 신선한 공기를 들이마시고, 횃대 위에 올라가 잠을 청하는 평화로운 광경을 떠올려요. 실제로 미국에서 1,000명의 시민을 상대로 설문 조사를 했는데, 소비자의 65%는 방목 라벨은 동물이 대부분의 시간을 목초지에서 보낼 때 붙는 것이라고 대답했어요. 하지만 방목의 기준을 규정한 법은 없어요. 축산 농가와 기업들도 동물들이 실제로 야외에서 시간을 보낸다는 것을 증명할 의무가 없고요.

즉, 케이지 프리란 닭장이 아니면 된다는 뜻이지, 닭들이 야외를 마음대로 돌아다니게 해야 한다는 의미는 아니라고 해석할 수도 있어요. 달걀 껍데기에 '케이지 프리' 라벨을 붙이기 위해 미국 농무부(USDA)가 요구하는 조건은 암탉에게 물과 사료를 무제한으로 공급할 것, 암탉이 산란기 중에는 자유롭게 돌아다니게 할 것, 알을 낳을 수 있는 밀폐된 공간을 제공할 것 정도예요. 어려운 요구 사항도 아니죠. 산란기에만 암탉을 잠시 야외에 풀어 주고 알을 낳게 하면 케이지 프리 라벨을 붙일 수 있어요.

소나 돼지도 마찬가지예요. 대부분의 시간을 우리에서 갇혀 지내게 하다가 도축 2주 전에 잠시 야외에 풀어 주고 '방목' 라벨을 붙이는 경우가 흔해요. 말장난 같지만 현실이 그래요. 기업들이 이런 느슨한 규정을 이용해 친환경적인 것처럼 홍보하는 기만적인 행태를 그린 워싱이라고 불러요.

도축장으로 가는 길

소와 돼지들은 태어나 처음으로 축사를 나왔어요. 하지만 바깥 공기를 음미할 시간도 주지 않고 동물들을 태운 트럭은 지체 없이 출발해요. 도축장까지는 꼬박 이틀을 달려야 하니 머뭇거릴 시간이 없어요. 가는 동안 동물들은 제대로 된 물과 음식도 먹지 못해요. 뜨거운 햇살과 협소한 공간, 굶주림과 갈증, 공포로 동물들은 하나둘 탈진하기 시작해요. 숨이 끊어지는 동물도 있죠. 매년 미국에서만 2,000만 마리의 닭과 33만 마리의 돼지, 그리고 최소 16만 마리의 소가 도축장으로 가는 도중에 죽어 나가요. 이미 죽었거나 스스로 걸을 수 없을 만큼 약해진 동물들은 불도저로 트럭에서 끌어 내려져 죽을 때까지 방치돼요.

걸을 수 있는 동물은 도축장을 향해 마지막 발걸음을 내디뎌야 해요. 갑자기 주저앉거나 머뭇거리는 동물들에게는 발길질이 날아오고, 전기 충격이 가해져요. 이유는 하나, 동물이 스스로 도살장 문을 통과해야만 정부로부터 합법적인 도살로 인정받기 때문이에요. 매일 전 세계 1억 6,000만 마리의 가축이 도살장에 끌려가요. 도살장에서 동물들의 고통을 줄이거나 차단해 주는 마취제는 사용되지 않아요. 의식이 있는 상태로 컨베이어 벨트에 거꾸로 매달려 이동하다가 가죽이 벗겨지고 머리가 으깨져요. 그 과정이 얼마나 끔찍한지 도살장 직원의 상당수는 정신적 후유증을 겪어요. 전설적인 밴드 비틀스의 멤버였던 폴 매카트니는 도살장이 유리로 되어 있다면 모두 채식주의자가 되었을 것이라는 말도 했죠.

다행히도 잔인한 도축 과정이 언론에 보도되고, 세간의 입방아에 오르내리면서 최근에는 이를 개선하려는 다양한 방법이 제시되고 있어요. 예를 들어 사육 동물은 농장으로부터 최대한 가까운 곳에서 도살할 것, 이동 시간은 최대 여덟 시간을 넘지 말 것, 운송 중에는 동물에게 충분한 사료와 물을 공급하고, 동물들이 불안을 느끼지 않도록 급격한 출발과 제동을 삼갈 것, 동물들이 추위와 더위와 호흡 곤란을 겪지 않도록 신경 쓸 것, 전기 충격기나 물리적 폭력을 사용해 동물들을 강제로 걷게 하지 않을 것, 도살할 때는 동물들에게 혐오감과 고통을 주는 방법을 사용하지 않을 것 등이에요.

자폐증 동물학자 템플 그랜딘

템플 그랜딘은 1947년 미국 보스턴에서 태어났어요. 그랜딘은 두 살이 되어도 말이 트지 않았어요. 부모는 그랜딘을 병원에 데리고 갔고 그랜딘을 진찰한 의사는 자폐증이라고 진단했어요. 자폐증은 자신의 세계에 갇혀 있는 장애를 말해요. 자폐증 아동의 관심사는 오직 자신뿐이에요. 그래서 자폐증 아이들은 대인 관계가 서툴고, 남과 대화를 거의 하지 않아서 언어 능력도 떨어져요.

그랜딘의 학교생활은 순탄하지 않았어요. 같은 말을 반복하고, 서투른 문장을 구사하고, 다른 사람의 기분은 생각하지 않는 그랜딘을 교사와 아이들은 부담스러워했어요. 그러다 결국 사건이 터지고 말았어요. 어느 날, 한 아이가 그랜딘에게 '넌 덜 떨어진 저능아야!'라고 외쳤어요. 그랜딘은 그 아이에게 교과서를 던졌고, 이 사건으로 그랜딘은 퇴학 처분을 받았어요.

엄마는 그랜딘을 이모의 목장에서 지내도록 했어요. 그곳에서 소들과 많은 시간을 보내던 그랜딘은 자신과 소가 닮았다는 것을 깨달아요. 자폐증인 그랜딘은 말이 어눌한 대신 사물을 그림과 같은 이미지로 인식하는 능력이 있었어요. 그것은 동물들의 특징이기도 했죠. 동물들이 빛과 소리와 형태에 어떻게 반응하고 어떤 감정을 느끼는지 그랜딘은 교감을 통해 느낄 수 있었어요.

이후 그랜딘은 대학에 진학해 동물학 분야에서 석박사 학위를 취득했어요. 그랜딘은 미국 내 도축장을 관찰하다가 도축장의 구조와 바닥이 동물에게 불안감을 불러일으킨다는 것을 알아차렸어요. 그랜딘의 말에 따르면, 동물은 직선에는 스트레스를 받지만 곡선은 편안하게 생각한다고 해요. 그래서 도축장으로 이동하는 동물이 시각적으로 불안함을 덜 느끼도록 구불구불한 통로와 완만한 경사로를 갖춘 독특한 디자인을 고안했어요. 현재 북미 도축장의 60% 이상이 그랜딘이 고안한 디자인을 따르고 있다고 해요.

그랜딘은 현재 콜로라도 대학에서 동물학을 가르치고 있어요. 틈틈이 세계를 돌며 인도주의적인 방식의 동물 취급에 대해 강의하고 있어요. 2010년 타임지는 세계에서 가장 영향력 있는 100명 중 한 명으로 그랜딘을 선정했어요. 한 기자가 그랜딘에게 물었어요.

"당신은 왜 그렇게까지 동물에게 헌신하나요?"

그랜딘은 대답했죠.

"동물이 자폐증 환자인 나를 구했기 때문입니다."

5장

실험동물

1937년 미국 제약 회사 마센질은 연쇄 구균 감염을 치료하는 항생제 설파닐아마이드를 출시했어요. 이 신약은 독성 실험을 거치지 않았는데, 당시 미국의 식품의약품법은 신약이 나올 때 별도의 안전성 검사를 요구하지 않았거든요.

　약이 출시된 지 한 달 뒤인 10월, 미국의학협회는 이 약을 복용한 사람들이 사망했다는 보고를 받았어요. 15개 주에서 100여 명의 사망자가 나왔어요. 안타깝게도 사망자 대부분은 어린이들이었죠. 제약 회사는 부랴부랴 설파닐아마이드를 회수한 다음, 뒤늦게 동물 실험을 진행했어요. 실험동물들도 대부분 죽고 말았죠.

　일명 '설파닐아마이드 참사'라 불리는 이 사건은 당시 미국 사회에 거대한 파장을 일으켰어요. 이 사건을 계기로 과학자들은 모든 약물 검사에 동물 실험을 해야 한다는 확신을 가졌죠.

　미국 정부는 사건이 일어난 다음 해인 1938년 식품과 의약품, 화장품에 동물 실험을 의무화하는 법을 제정했어요.

동물 실험에 죄의식을 느낄 필요는 없다

동물 실험이란, 인간의 입으로 들어가는 식품과 피부에 바르는 화장품, 그리고 질병을 낫게 하는 약품 등을 먼저 동물에게 테스트해서 안전성과 효과를 확인하는 절차를 말해요.

기록으로 전해지는 최초의 동물 실험은 기원전 5세기 그리스에서였어요. 고대 그리스인은 호기심이 강하기로 이름난 사람들이었어요. 서양 철학이 탄생한 고향도 그리스였어요.

그리스인들은 우리 신체의 내부 구조와 기능과 원리도 알고 싶어 했어요. 제일 좋은 건, 신체를 열어서 직접 눈으로 확인하는 것, 바로 해부였죠. 하지만 이건 쉬운 일이 아니었어요. 고대 그리스인들은 인간이 죽으면 영혼이 사후 세계나 지하 세계로 간다는 내세관을 갖고 있었어요. 사후 세계로 들어가려면 시체가 온전해야 했어요. 따라서 시체 해부는 사회적으로 매우 금기시된 행위였어요. 이런 분위기 속에서도 용케 시체를 구해 기어이 해부한 대담한 의사들도 있었어요. 보통 처형당한 사형수의 시체를 해부했죠.

대부분의 의사는 안전한 동물을 선택했어요. 인간은 아니지만 그래도 생명체니까 동물의 몸을 통해 간접적으로나마 인간의 신체 구조를 유추할 수 있지 않을까? 당시 의사들은 그렇게 믿었어요.

의사들은 해부학을 연구할 때는 죽은 동물을, 생리학을 연구할 때는 살아 있는 동물을 해부했어요. 해부학은 생물체 내부의 구조를 연구하는 학문이고 생리학은 생물체의 기능을 연구하는 분야이기 때문이에요.

기원전 5세기경, 피타고라스의 제자였던 알크마이온은 시력이 시신경과 관련 있다는 것을 증명하기 위해 개의 시신경을 잘라 장님으로 만들었고, 2세기 로마 제국의 의사 갈렌은 살아 있는 돼지의 배를 갈랐어요. 돼지가 비명을 지르자, 갈렌은 살아 있는 돼지의 신경을 절단했어요. 돼지는 더 이상 비명을 지르지 않았고 갈렌은 이 실험을 통해 신체를 통제하는 것은 뇌라는 것을 입증해 보였어요. 또 당시 의학계에는 동맥이 공기를 운반한다는 400년 된 믿음이 있었어요. 갈렌은 동물 실험을 통해 동맥이 공기가 아닌 피를 운반한다는 사실도 밝혀냈죠. 이렇게 동물 실험은 의학의 발전에 큰 공헌을 했어요.

하지만 마취제 없이 해부가 진행된 탓에 실험동물은 극심한 고통으로 괴로워하다가 해부가 끝나면 싸늘한 사체가 되었고 폐기물처럼 버려졌어요. 하지만 의사들은 그것에 죄책감이나 죄악감을 느끼지는 않았어요. 잘못된 행위인지 의문조차 품지 않았죠.

1장에서 살펴보았듯, 고대 그리스인들은 인간은 신과 동급이며, 동물은 인간의 지배를 받는 열등한 생명체로 간주했어요. 따라서 동물 실험은 윤리적으로나, 법적으로나 아무 문제가 되지 않았어요. 심지어 동물은 인간만큼 예민하지 않아서 통증을 느끼지 못한다고 믿기도 했어요.

동물 해부는 16세기 벨기에의 의사 안드레아스 베살리우스가 인체 해부학을 정립할 때까지 의학의 필수 과정이었고, 서구 의학의 가장 중요한 토대였어요.

동물 실험이 본격적으로 확산하기 시작한 것은 제약업과 석유 화학 산업이 성장한 1950년대부터예요. 제약업은 건강과 직결되는 약을 만드는 산업이니까 동물 실험을 하는 것을 이해하겠는데, 화학 산업과 동물 실험이 대체 무슨 상관일까요? 바로 피부에 바르는 화장품이 화학 제품이기 때문이에요. 흔히 화장품이라고 하면 스킨, 로션, 향수, 매니큐어, 립스틱처럼 예쁘게 꾸미고 멋을 내기 위해 사용하는 제품을 떠올려요. 그런데 이게 화장품의 전부는 아니에요.

세면대 옆이나 샤워실 선반에 놓여 있는 비누, 샴푸, 린스, 치약, 땀 냄새를 제거하는 데오드란트도 화장품에 속해요. 미국 식품의약국(FDA)은 화장품을 '신체의 구조나 기능에 영향을 주지 않고 세안, 미화, 매력 증진 또는 외모 변경을 위해 인체에 적용되는 제품'이라고 정의해요. 우리나라의 화장품법이 정의하는 화장품도 별반 다르지 않아요.

화장품 동물 실험에 가장 많이 쓰이는 동물은 토끼와 기니피그예요. 그중에서도 섭외 1순위는 단연 토끼예요. 화장품은 눈 시림과 같은 부작용이 있을 수 있어요. 그것을 확인하는 가장 좋은 방법은 인간이 쓰기 전에 동물의 눈에 넣어 보는 것이에요. 그런데 대부분 동물은 눈에 이물질이 들어가면 눈물이 분비되어 이물질을 씻어 내보내요. 그럼 제대로 된 테스트를 할 수 없죠. 그런데 토끼는 애초에 눈을 깜빡이는 횟수가 적고 눈에 이물질이 끼었을 때 흐르는 눈물의 양도 적어서 화장품 유해 실험에 안성맞

춤이에요.

연구원들은 토끼가 눈을 감지 못하도록 눈꺼풀을 고정하고 단두대처럼 생긴 구멍에 목을 넣어요. 그리고 토끼 눈에 마스카라액과 샴푸 방울 등을 떨어뜨리죠. 토끼는 극도의 고통으로 버둥거리지만 움직일 수도 없고 눈을 감을 수도 없어요. 실험 한 번하는 데 대략 3,000방울의 액체가 토끼 눈에 떨어져요. 실험이 끝날 즈음 토끼들은 눈이 멀고 결국 죽고 말아요. 토끼의 몸에 상처를 낸 다음 헤어스프레이 등을 뿌려 염증 반응을 확인하는 실험도 있어요.

과학자들은 질병 연구를 위해 동물의 몸에 바이러스나 발암물질을 주입한 다음 신체의 어느 부위에서 어떤 반응을 보이는지 기록하고 분석해요. 또 인간의 심리와 행태를 연구할 목적으로 유전적으로 인간과 가장 근접한 침팬지와 오랑우탄을 실험동물로 사용하기도 해요. 새끼와 어미를 떼어 놓고, 물과 밥을 주지 않고, 전기 충격을 가하고, 약물 중독에 빠지게 하고, 뇌 손상을 일으키게 한 다음 어떤 반응을 보이는지 관찰해요.

이런 식으로 매년 2억 마리의 동물이 다양한 실험을 받고 있으며 한국에서는 연간 약 500만 마리의 동물이 실험에 사용되고 있어요.

동물 실험을 믿을 수 있을까?

비인도적이고 생명을 경시한다는 비판과 지적에도 불구하고 동물 실험을 지지하는 사람들은 여전히 많아요. 찬성 쪽 의견을 들어 보면 지난 100여 년간 의학은 동물 실험 덕분에 비약적인 발전을 거뒀다고 말해요. 소아마비 백신(원숭이), 당뇨 치료제인 인슐린(개), 천연두 백신(소), 갑상선 저하증 치료제(쥐와 개), 역류성 질환 치료제(쥐, 개, 토끼)의 예처럼 동물 실험으로 개발된 백신과 치료제는 그 수가 절대 적지 않아요. 또 동물 실험은 유방암과 뇌 손상, 소아 백혈병, 결핵 등을 치료하는 데 큰 발전을 가져왔고 심장 박동기, 심장 판막 대체품, 마취제 개발에도 중요한 역할을 했죠.

실제로 2023년 기준, 노벨 생리·의학상을 받은 227명 중 89%가 동물 모델을 연구에 사용해 좋은 결과를 얻었어요. 하지만 동물권 단체들은 결국 그 업적의 수혜자는 인간이지 동물이 아니며, 동물은 원하지 않는 희생을 강요당하고 있다고 주장해요. 심지어 동물 실험의 안전성에도 의구심을 품었어요. 동물과 인간은 생리적으로도 다르고 화학적 성질도 다르고, 세포와 분자 구성도 다른데, 동물 실험을 통과한 약과 화장품의 안전성을 어떻게 신뢰할 수 있냐고 말이에요. 그 대표적인 사례가 탈리도마이드 사건이에요.

1957년 서독(통일 독일 이전의 독일) 제약 회사 그뤼넨탈은 임산부 입덧 치료제 탈리도마이드를 개발했어요. 연구원들은 이약을 쥐와 토끼, 기니피그에 사용했는데 별다른 부작용은 나타나지 않았어요. 마침내 독일 정부는 이 약의 판매를 승인했어요. 저렴하면서 효과마저 좋다는 입소문이 임산부들 사이에 돌면서 탈리도마이드는 인기를 얻었어요. 1950년대 중반부터 최소 37개의 상표명으로 46개국에서 탈리도마이드가 팔렸어요.

그런데 몇 년 후, 팔다리가 없거나 짧은 아이들이 태어나기 시작했어요. 손가락이 없고, 두 손가락이 어깨에 붙은 기형아도 태어났죠. 조사 결과, 임신할 때 엄마들이 탈리도마이드를 복용했다는 사실이 밝혀졌어요. 탈리도마이드는 5년 만에 판매 금지가 되었지만 이미 1만 명 이상의 기형아가 태어나고 유산한 산모의 숫자는 수천 명이 넘은 뒤였어요. 탈리도마이드 사건으로 동물 실험의 신뢰성은 떨어졌어요.

동물 실험을 그만둘 수 없는 이유

2023년 미국 정부는 제약 회사가 신약을 개발할 때 필수적으로 동물 실험을 거쳐야 한다는 조항을 삭제했어요. 이로써 동물 실험 의무화가 80여 년 만에 없어졌어요. 이보다 앞선 2013년에 EU는 화장품 동물 실험을 전면 금지했어요. 미국의 캘리포니아, 하와이, 일리노이, 뉴저지 등의 주도 동물 실험을 거친 화장품 판매를 중단하는 법안을 통과시켰죠. 우리나라도 2017년부터 동물 실험을 거친 화장품의 유통과 판매를 금지했어요.

하지만 의약품의 동물 실험은 지금도 진행되고 있어요. 우리나라도 동물 실험이 의무예요. 미국은 동물 실험 의무 조항을 없앤 것이지, 금지한 게 아니에요. 이게 무슨 소리냐고요? 동물 실험을 하고 말고는 제약 회사가 알아서 판단할 문제라는 뜻이에요.

현재 의약 분야에서 동물 실험을 대체하는 다양한 기술과 기법이 개발되고 있어요. 예를 들어 동물의 몸에 병원균과 바이러스를 주사하는 대신, 줄기세포나 인공 장기를 이용하면 동물의 고통과 희생을 막을 수 있을 뿐만 아니라 더 정확한 결과를 기대할 수 있어요. 또 컴퓨터 성능이 혁신적으로 발전하면서 인간의 장기를 모델링하거나 복제하는 것도 가능해요.

다만, 그런 대체 기법들이 상용화되려면 많은 기술적 보완과 시간이 필요하다고 해요. 컴퓨터 시뮬레이션 기법으로 동물 실험 일부를 대체하는 것이 가능해졌지만, 동물로부터 얻은 데이터를 입력해야 하므로 결국 동물을 이용할 수밖에 없어요.

동물 실험은 비인도적이라는 거센 비난을 받고 있지만 현대 의학이 동물 실험 덕분에 비약적으로 발전한 것도 사실이에요. 100년이 넘는 시간을 걸쳐 정착한 연구 시스템 중 하나죠. 동물 실험은 건강과 직결된 예민한 문제라는 점, 그리고 단기간에 이 시스템을 바꾸기가 현실적으로 쉽지 않은 점을 이유로 많은 국가에서 동물 실험을 허용하고 있어요.

문제는 화장품이에요. 한 조사에 따르면 세계 50대 화장품 브랜드 중 88%인 44개 브랜드가 동물 실험을 이용한 것으로 드러났어요. 가장 큰 이유는 중국이었어요. 중국은 세계에서 화장품 구매자가 가장 많은 나라예요. 그런데 중국은 동물 실험을 통과한 화장품을 원하는 경우가 많아요. 동물 실험을 하지 않은 제품은 신뢰할 수 없다는 것이지요. 유수의 화장품 제조사들은 전 세계 화장품 소비 시장 1위 국가인 중국의 이런 요구 사항을 무시하기 쉽지 않았을 거예요. 그래서 영국도 1998년에 화장품 동물 실험을 금지했지만, EU 탈퇴 후에 동물 실험을 다시 허용한다고 발표했어요.

우리나라에서 동물 실험을 하려면 수의사와 동물 실험 전문가 등으로 구성된 동물실험윤리위원회의 승인을 받아야 해요. 승인을 받은 후에도 실험동물법과 동물보호법의 규정을 준수해야 해요. 예를 들어, 동물에게 잔혹한 실험을 한다거나, 실험 내용을 촬영한 사진과 영상을 인터넷에 올리면 안 돼요. 또 유기동물과 군견, 경찰견, 마약 탐지견, 장애인 보조견은 실험 대상이 될 수 없어요.

3R, 실험동물을 위한 원칙

동물권 단체의 격한 반대에도 불구하고 동물 실험을 대체할 수단은 아직 없어요. 그게 현실이라면 불쌍한 동물들의 고통을 최소한으로 줄여 주는 방법을 모색해야 해요. 그래서 등장한 것이 3R 원칙이에요. 3R은 대체(Replacement), 감소(Reduction), 개선(Refinement)을 뜻하는 용어예요.

대체는 동물 실험을 하지 않고도 연구를 진행할 수 있는 방법이 있다면 그것으로 실험 방법을 대체하고, 동물 실험을 하더라도 가능한 하등 동물로 대체해서 실험할 것을 말해요.

감소는, 실험에 사용되는 동물의 숫자를 최소화할 것을 말해요. 마지막으로 개선은 실험동물이 고통 없이 눈감을 수 있도록 안락사 조치를 하거나, 사육 환경을 개선하는 것을 말해요.

3R은 1959년 영국 동물학자 윌리엄 러셀과 미생물학자 렉스 버치가 쓴 『인도적인 실험 기법의 원칙』이라는 책에 들어 있는 내용이에요. 현재 여러 나라에서 3R을 동물복지법에 반영하고 있어요. 우리나라 동물보호법 제47조에도 3R 원칙이 명시되어 있답니다.

3R 원칙

대체 Replacement

동물 실험을 대체할 수 있는 실험 방법이
있다면 그것으로 대체한다.

감소 Reduction

동물 실험에 사용되는 실험동물 수와
중복 실험을 줄인다.

개선 Refinement

실험동물에게 주는 고통을 최소화하고
위생적인 환경과 충분한 먹이를 제공한다.

동물원의 주코시스

　기록에 전해지는 최초의 동물원은 기원전 3500년쯤 이집트에 있었어요. 코끼리, 살쾡이, 개코원숭이 등의 동물이 전시되었는데, 개인 소유라서 일반 대중에게 공개하지는 않았다고 해요. 이런 일은 과거에는 매우 흔했어요. 옛날에 권력자들은 자신의 힘을 과시할 목적으로 동물원을 짓고 세계 곳곳으로부터 희귀한 동물들을 데려오곤 했어요.

　우리에게 익숙한 최초의 근대식 동물원은 1828년에 개장한 런던 동물원이에요. 영어로 동물원을 뜻하는 주(zoo)가 처음 사용된 것도 이때부터였어요. 오늘날 지구에는 1만 개 이상의 동물원에서 수백만 마리의 야생 동물을 사육하고 있으며 매년 6억 명 이상이 동물원과 아쿠아리움을 방문해요. 그런데 혹시 동물원을 방문했을 때 이런 동물을 본 적이 있나요? 몇 시간이고 제자리에서 빙빙 도는 북극곰, 정신 사납게 왔다 갔다 반복하는 호랑이, 춤을 추듯 코를 좌우로 흔드는 코끼리, 그리고 쉼 없이 침을 뱉는 알파카와 라마. 이런 행동을 '동물원증', 영어로 주코시스(zoochosis)라고 해요.

주코시스는 동물원(zoo)과 정신 질환(psychosis)의 합성어예요. 풀이하면 동물원의 동물들이 많이 걸리는 정신 질환이에요. 주코시스의 증상은 매우 다양해요. 자해하고, 먹은 것을 토하고, 틱 증상(특정 행동을 반복하는 것)을 보이기도 해요.

원래 동물은 야생에서 주체적으로 자신의 영역을 확보하고 그 속에서 다른 동물들과 상호작용하면서 살아가요. 스스로 먹이를 해결하고, 적절한 시기가 되면 본능이 시키는 대로 짝짓기를 하면서 자유롭게 돌아다니는 존재들이었죠. 예를 들어 코끼리는 야생에서 대략 30~40마리씩 무리를 지어 살아가는 동물이에요. 코끼리는 18~20세가 되기 전까지는 번식하지 않아요. 하지만 어떤 동물원은 포획 번식 프로그램이라는 이름으로 코끼리가 12세가 되면 번식을 시켜요. 원하지 않는 임신을 한 어미 코끼리는 어찌어찌 출산해도 모성애가 결핍되어 새끼를 거부하는 모습을 종종 보인다고 해요.

또 북극곰의 평균 활동 반경은 수십 km²에 이르지만, 동물원에 배정된 우리는 야생 서식지의 100만분의 1에 불과해요. 많은 북극곰은 좁아진 영역에 적응하지 못해서 하루 종일 전시장을 의미 없이 오락가락하면서 보낸다고 해요.

해양 동물도 사정은 마찬가지예요. 돌고래는 하루에 100km

의 바다를 헤엄쳐요. 하지만 수족관의 돌고래 탱크는 20만 배나 작아요. 게다가 돌고래는 음파를 발사하고 반사되어 돌아오는 음파를 통해 동료끼리 의사소통해요. 방향과 먹잇감도 탐지하죠. 하지만 좁은 수조에서 일어나는 빈번한 음파 반사에 돌고래들은 혼란을 느끼고 방향 감각마저 상실해요. 마치 사방이 거울로 덮인 좁은 방에 사는 것과 같아요. 또 돌고래는 서커스 동물들처럼 무대에 나서야 해요. 입장료를 낸 관객을 만족시키기 위해 점프하고, 고리를 통과하고, 꼬리로 박수를 쳐야 하는 혹독한 훈련을 받아요. 많은 돌고래가 이를 못 견뎌 병에 걸려 시름시름 앓다가 사망해요. 야생 돌고래의 평균 수명은 40년이지만 수족관 돌고래의 평균 수명은 약 4년이에요.

많은 동물권 단체는 동물원과 아쿠아리움이 동물을 희생시켜 돈벌이하는 곳이라고 비판해요. 갇힌 동물들을 야생이나 자연 보호 구역에 풀어 주고 동물원 문을 닫아야 한다며 목소리를 높이고 있어요.

1944년, 영국의 목공 도널드 왓슨은 자신이 꿈꾸는 채식주의자를 표현할 단어를 찾고 있었어요. 당시 채식주의자들 중에는 단백질 부족을 이유로 우유에 달걀까지 먹는 사람들이 많았어요. 왓슨은 그게 마음에 들지 않았죠.

진정한 채식주의자는 말 그대로 채식만 해야 한다고 믿었어요. 채식주의자 동료들이 이런저런 단어들을 제안했지만, 딱히 마음에 드는 건 없었어요.

그때 아내 도로시가 말했어요.

비건(vegan)은 어때요?

비건?

채식주의를 뜻하는 베지테리언(vegetarian)의 첫 세 글자(veg)와 마지막 두 글자(an)를 합한 단어예요.

왓슨은 이 단어가 몹시 마음에 들었어요.

채식주의자가 먹는 것들

채식의 역사는 꽤 오래되었어요. 아시아에서는 기원전 7세기부터, 서양에서는 기원전 6세기부터 채식이 시작되었어요. 1809년, 영국인 윌리엄 카우허드라는 남자가 '채식은 신의 뜻!'이라는 슬로건을 내걸고 '성경기독교회'라는 종파를 설립해요. 이후 점점 늘어난 채식주의자들은 1847년 영국에 최초의 채식주의자협회를 만들었어요. 이것이 현대 채식주의 운동의 시초예요.

채식주의자는 어떤 것까지 먹을 수 있느냐에 따라 다양한 이름으로 불려요. 가장 극단적 채식주의자는 과일과 호두, 아몬드 같은 견과류만 먹는 프루테리언이에요. 그보다 한 단계 낮은 채식주의자가 비건이에요. 비건은 모든 과일과 채소 그리고 프루테리언이 거부하는 빵과 밥 같은 곡류가 원료인 음식도 먹어요. 실천 방법이 매우 엄격하지만 비건은 채식주의라는 본연의 취지에 가장 부합한다고 볼 수 있어요. 그래서 비건을 다른 말로 완전 채식주의자라고 불러요.

비건보다 한 단계 낮은 채식주의자를 락토베지테리언이라 해요. 락토(lacto)는 라틴어로 '젖'이에요. 이름처럼 락토베지테리언은 양젖과 염소젖, 우유, 버터, 치즈 등의 유제품까지 먹을 수 있어요. 비슷한 유형으로 오보베지테리언이 있어요. 오보(ovo)는 라틴어로 '알'인데, 오보베지테리언은 유제품은 안 먹지만 달걀은 먹어요. 이 둘을 합쳐 달걀과 유제품까지 먹는 베지테리언을 락토오보베지테리언이라 불러요.

그 밖에도 해산물에 생선까지는 먹을 수 있는 페스코베지테리언, 닭고기와 오리고기까지 먹는 폴로베지테리언, 기본은 채식이지만 그때그때 상황에 따라 고기도 먹는 플렉시테리언이 있어요.

	채식의 종류 및 단계						
프루테리언	🍎						
비건	🍎	🥬					
락토베지테리언	🍎	🥬	🥛				
오보베지테리언	🍎	🥬		🍳			
락토오보 베지테리언	🍎	🥬	🥛	🍳			
페스코 베지테리언	🍎	🥬	🥛	🍳	🐟		
폴로베지테리언	🍎	🥬	🥛	🍳	🐟	🍗	
플렉시테리언	🍎	🥬	🥛	🍳	🐟	🍗	🥩

이들 중, 가장 흔히 볼 수 있는 채식주의자는 락토베지테리언과 오보베지테리언이에요. 프루테리언이나 비건은 난도가 높아서 실천하기가 쉽지 않아요. 또 생선과 고기를 먹을 수 있는 페스코, 폴로, 플렉시베지테리언은 아무래도 '채식'이라는 본연의 취지와는 거리감이 느껴지는 것이 사실이고요. 덧붙이자면, 국제채식인연맹(IVU)은 페스코베지테리언, 폴로베지테리언, 플렉시테리언을 채식주의자로 인정하지 않아요.

비건과 비건주의

2023년을 기준으로 지구에는 1억 8,000여 명의 채식주의자가 있어요. 대략 100명 중 한 명꼴이에요. 물론 이 수치는 달걀도 먹고 우유도 먹고, 때에 따라 고기까지 먹는 모든 종류의 채식주의자를 합산한 거예요. 이 중 순수하게 채식만 하는 완전 채식주의자, 즉 비건은 8,800만 명 정도예요. 이 숫자는 매년 증가하고 있어요.

채식하는 이유는 다양해요. 건강을 위해서, 고기가 몸에 맞지 않아서, 종교적인 이유로 채식을 하죠. 이렇게 개인적인 이유로 채식하기도 하지만 비건은 채식에 윤리적이고 사회적인 의미를 부여해요. 즉, 단지 오트밀과 양상추샐러드가 맛있어서 채식하는 게 아니에요. 고기를 먹는 행위를 동물 학대라고 믿기 때문에 육식을 거부하고 그 대안으로 채식하는 거예요. 그래서 1951년 영국비건협회는 비건주의(비거니즘)를 다음과 같이 정의했어요.

The doctrine that man should live without exploiting animals
인간이 동물을 착취하지 않고 살아야 한다는 신념

그래서 비건은 육식도 반대하고, 모피와 공장식 사육도 반대하고, 동물원과 수족관에 동물을 전시하는 것도 반대해요. 비건의 신념은 동물을 이용하는 모든 행위를 거부하는 동물권의 주장과 일맥상통하죠. 그럼 지금부터 비건이 육식에 반대하는 이유를 한 번 들어 볼까요?

채식해야 하는 이유

비건이 주장하는 채식해야 하는 첫 번째 이유는 채식이 인간의 몸에 적합한 식습관이기 때문이에요. 초식 동물은 육식 동물보다 창자가 길어요. 질긴 채소를 분해해 소화하려면 긴 시간이 걸리기 때문이에요. 인간의 창자는 육식 동물보다 길고 초식 동물과 비슷해요. 이것은 인간이 채식에 적합한 소화 기관을 갖고 있다는 뜻이에요. 또 채식은 육식보다 건강해요. 고기를 많이 섭취할수록 인간은 대장암과 심혈관계 질환에 걸릴 확률이 높아져요. 의사들도 고혈압, 당뇨, 고지혈증과 같은 성인병으로 고생하는 환자들에게 채식의 비중을 늘리라고 권할 정도죠. 채식은 질병을 예방해 줄 뿐만 아니라 건강을 회복하게 해 주는 건강식이에요.

두 번째로, 육식에는 많은 물과 땅이 필요해요. 소를 키우려면 소를 사육할 방목지와 소에게 먹일 곡물 등을 재배할 토지가 필요해요. 우리가 스테이크 1kg을 먹으려면 대략 1만 5,000L의 물과 25kg의 사료가 필요해요. 만일 인류가 육식을 끊고 그 땅에 작물을 심으면 35억 명을 추가로 먹여 살릴 수 있어요.

마지막으로, 육식은 기후 위기의 주범이에요. 유럽의 에스토니아, 덴마크, 아일랜드는 소를 기르는 낙농가에 방귀세를 부과해요. 소는 트림과 방귀로 매일 200L가 넘는 메탄을 방출해요. 메탄은 지구를 덥게 하는 온실가스 중에서 두 번째로 비중이 커요. 하지만 메탄이 발생시키는 온실 효과는 이산화 탄소의 스물세 배에 달해요. 전 세계의 소가 1년에 방출하는 메탄은 약 1억 톤인데, 이는 전체 온실가스 배출량의 18%나 돼요.

요약하면, 육식은 생리적으로 인체에 부자연스럽고, 건강하지 못하며, 반환경적인 데다 비효율적이기까지 하므로 채식해야 한다는 것이 비건의 주장이에요. 그런데 몇몇 전문가들은 여기에 의문을 제기해요. 일부 주장은 사실이지만, 과장되고 왜곡된 내용도 많다는 거예요. 이제부터 그 이야기를 들어 볼게요.

고기를 위한 변명

인간의 몸엔 채식이 적합하다 🔍

비건의 주장에 따르면, 인간의 창자 길이가 초식 동물과 비슷하므로 인간은 채식에 적합하다고 해요. 하지만 이 주장에는 한 가지 오류가 있어요. 길고 짧은 건 상대적인 개념이에요. 아무래도 체구가 큰 동물일수록 창자가 길기 마련이니까요. 그래서 비율이 중요해요. 창자의 길이를 몸길이로 나눈 비율 말이에요.

예를 들어, 몸길이가 1m인 동물의 창자가 5m라면, 비율(창자 길이/몸길이)은 5가 되겠죠? 동물마다 편차가 있지만, 육식 동물은 이 비율이 3~6이고, 초식 동물의 비율은 10~12예요. 인간은 4~5 정도예요. 수치만 보면 인간은 육식 동물에 가까워요. 더 정확히는 육식 동물보다 조금 길고 초식 동물보다는 매우 짧으니 인간은 잡식 동물에 가깝다고 볼 수 있죠. 그래서 인류는 야채와 고기를 모두 먹을 수 있어요.

인간은 독만 없다면 식물의 부위와 종류를 가리지 않고 먹을 수 있어요. 씨앗도 먹고, 곡물도 먹고, 과일도 먹고, 심지어 칡과 도라지 같은 뿌리마저 먹어 치워요. 하지만 먹는 것과 소화하는 것은 다른 문제예요. 식물의 바깥층은 세포벽으로 되어 있는데, 이 세포벽의 주성분을 셀룰로스라고 해요. 흔히 말하는 섬유질이에요. 섬유질은 굉장히 질겨요. 너무 질겨서 가늘게 실로 뽑아 옷이나 천을 만들 수도 있어요. 그런 산업을 섬유업이라고 하죠.

이 섬유질을 분해하려면 셀룰라아제라는 효소가 필요해요. 소, 염소, 양과 같은 반추 동물(음식을 삼켰다가 다시 게워 내 재차 씹는 동물)은 셀룰라아제가 있지만 인간은 이 효소가 없어요. 분해를 못 시키니까 그대로 똥으로 나와요. 창자 길이와 인간에게 없는 섬유질 소화 효소, 적어도 이 부분에서만큼은 인간이 채식에 적합하다고 단정 지을 수는 없어요.

채식은 건강식이 맞으나 영양학적으로 완벽하지는 않아요. 고기에는 풍부하나 채소와 곡물과 과일에서는 얻을 수 없는 영양소들이 있기 때문이에요. 대표적인 것이 비타민 B12예요. 비타민 B12는 신경계 안정과 적혈구 형성에 중요한 역할을 해요. 만일 비타민 B12가 부족하면 적혈구를 만드는 데 문제가 생겨 빈혈이 생겨요. 그래서 미국 질병통제예방센터(CDC)는 성인에게 비타민 B12를 하루에 일정량 섭취할 것을 권고해요.

일반적으로 고기를 먹으면 비타민 B12가 부족할 일은 거의 없어요. B12는 대부분 고기와 우유 등에 풍부하게 들어 있으니까요. 하지만 채식주의자들은 사정이 달라요. 한 연구에 따르면, 비건의 60% 이상, 락토베지테리언과 락토오보베지테리언은 40% 이상이 비타민 B12가 결핍된 상태라고 해요. 그 외에도 채식에는 뇌와 근육에 중요한 역할을 하는 크레아틴, 카르노신, DHA 등이 없어요. 그래서 채식할 때는 이런 영양소가 부족하지 않게끔 영양제를 복용해야 해요.

미국의 동물학 교수이자 대기질 전문가 프랭크 미틀러는 그렇지 않다고 말해요. 먼저 우리는 고기를 얻는 데 사용된 물의 양이 무엇인지 정확히 이해할 필요가 있어요. 물 사용량이란, 어떤 제품을 만들어 내고, 그것을 사용하고, 나중에 폐기할 때까지 사용된 물의 총량을 말해요. 이것을 물발자국(water footprint)이라고 해요. 말 그대로, 생산-사용-폐기의 과정에서 찍힌 모든 물의 발자국이란 뜻이지요.

물발자국에는 세 종류가 있어요. 호수, 저수지, 강에 있는 물을 청색 물발자국, 토양이 머금고 있다 식물의 뿌리를 통해 공급되는 물을 녹색 물발자국, 마지막으로 오염된 물, 즉 폐수를 뜻하는 회색 물발자국이에요.

이 중에서 문제의 소고기와 관련된 것은 녹색 물발자국이에요. 녹색 물발자국이란 쉽게 말해 빗물을 말해요. 대지에 비가 내리면, 옥수수나 콩과 같은 식물이 그 빗물을 빨아 먹으며 무럭무럭 자라고, 옥수수와 콩으로 만든 사료를 소가 먹어요. 그리고 인간은 그 소를 잡아 고기를 얻죠. 소가 직접 빗물을 받아먹거나, 핥아 먹은 건 아니지만 빗물을 먹고 자란 작물을 소가 먹었기 때문에 이 빗물의 양도 소고기 생산에 사용된 물로 간주하고 계산해요. 그런데 그 비율이 무려 90%가 넘어요.

빗물은 초원에 소 떼가 있든 없든 땅에 떨어져요. 소는 단지 그 빗물을 먹고 자란 콩과 옥수수를 먹었을 뿐이죠. 만일 소가 지구의 귀중한 수자원을 낭비한다고 비판한다면, 그것은 옥수수나 콩이 빗물을 많이 먹었다고 비판하는 것과 같아요. 하지만 어떤 채식주의자나 환경 단체도 식물이 '물 소비의 주범'이라며 책임을 전가하지는 않아요. 오히려 인간의 식수와 농업에 사용되는 물의 70%가 녹색 물발자국이에요. 소고기 생산에 사용되는 물만큼은 아니어도 많은 양의 물을 쓰고 있죠.

게다가 소가 마시는 물은 화석 연료와는 달라요. 석탄과 석유는 사용한 만큼 사라지지만 소가 섭취한 물의 상당 부분은 순환해요. 소는 오줌으로 물을 배출하고, 오줌은 증발해 대기로 올라가 훗날 빗물로 떨어지니까요.

프랑스 국립농업연구소(INRAE)가 이 점을 고려해 소고기 물 사용량을 다시 계산해 보니 소고기 1kg을 얻는 데 필요한 물은 50L라고 추정했어요. 같은 계산법을 다른 동물에게도 적용하자 돼지고기에 필요한 물은 450L, 닭고기는 300L, 달걀은 244L, 우유는 86L가 필요한 것으로 나타났어요. 소고기 1kg에 필요한 물이 15,000L라는 것은 상당히 과장된 양이었어요.

전 세계 농지의 80%가 가축 사육과 가축에게 먹일 곡물을 재배하는 데 사용된다고 해요. 그래서 육식을 포기하면 이 넓은 땅을 온전히 농지로 바꿔 더 많은 식량을 생산할 수 있다고 비건은 주장하죠. 그런데 이 주장에는 중요한 사실 하나가 생략되어 있어요. 땅이라고 해서 모두 농사지을 수 있는 농지는 아니라는 사실이에요.

농지에는 크게 두 종류가 있어요. 농사지을 수 있는 땅과, '무늬만 농지'인 땅이에요. 이 무늬만 농지인 땅을 한계 토지(marginal land)라고 불러요. 이름 그대로 아슬아슬하게 농사를 지을 수 있는 마지막 한계의 땅이란 뜻이에요. 하지만 실제로 이곳에서 농사를 짓는 일은 거의 없어요. 돌이 많아서, 경사가 높아서, 기후가 건조해서 등 이유는 다양해요. 한계 토지에는 풀과 키 작은 나무인 관목 정도만 자라는데 이 한계 토지가 세계 전체 농지의 2/3를 차지해요.

이런 땅에는 농사를 지어도 작황이 안 좋아 농부로서는 힘만 들고 남는 게 별로 없어요. 화전민 마을에 백화점을 여는 것과 다르지 않아요. 차라리 기름진 작은 땅에 농작물을 심는 게 훨씬 나아요. 이 방치된 땅을 알토란처럼 활용하는 것이 방목이에요. 동물들이 땅을 밟을 때마다 흙 속의 씨앗 껍질은 부서져 발아하고, 풀은 쑥쑥 자라요. 게다가 동물들이 배출한 똥은 농경지에 뿌릴 유기농 비료가 되어요. 그리고 소와 양, 염소 같은 반추 동물은 인간은 먹지 않는 거칠고 질긴 풀을 소화하죠. 쓸모없고 버려진 것을 활용해 높은 가치로 재탄생시키는 것, 바로 업사이클링(upcycling)이에요. 방목은 업사이클링의 좋은 사례 중 하나예요.

요약하면, 가축 때문에 농지의 80%가 농사를 짓지 못하는 게 아니라, 애초에 농사를 짓기 힘든 대부분의 땅에 가축을 키우는 거예요.

축산업은 기후 위기의 주범이다 🔍

오늘날 축산업에 새겨진 '기후 위기의 주범'이라는 낙인은 2006년 유엔 농업식량기구(FAO)가 발표한 한 편의 보고서로부터 시작되었어요. '축산업의 긴 그림자(Livestock's for long shadow)'라는 우울한 제목의 이 보고서에는 축산업이 전체 온실가스 배출량의 18%를 배출한다는 내용이 실려 있었어요. 축산업은 정말로 기후 위기의 주범일까요?

사실은 축산업이 전체 온실가스 배출량의 18%라는 것은 과장된 수치라는 지적이 있었어요. 실제 배출량은 7%대라고 축산업계는 주장해요. 물론 그 수치도 적은 것은 아니며, 지속적으로 줄여 나가야 하지만 온실가스 배출량의 70% 이상을 차지하는 진짜 주범은 전력 산업, 운송 산업, 시멘트 산업인데, 이를 놔두고 축산업만 꼭 집어 기후 위기의 주범으로 지목하는 건 현상을 제대로 파악하지 못하는 거예요. 이런 비판이 제기되자 보고서를 작성한 공동 저자 중 한 명인 피에르 거버 박사는 그 지적은 옳다고 생각한다며 보고서 수치의 일부가 과장되었음을 인정했어요.

육식은 동물을 죽이는 비윤리적인 식문화이다 🔍

마지막으로 육식은 다른 동물을 죽여 먹이를 취하는 행태이므로 비윤리적이라는 주장을 볼게요. 동물을 집단 사육하는 공장식 축산이 비윤리적이라는 지적은 타당하나, 고기 먹는 행위 자체를 비윤리적이라고 단정할 수 있을까요?

인류가 육식한 기간은 채식과는 비교도 할 수 없을 만큼 오래되었어요. 160만 년 전 인류의 직계 조상인 호모 에렉투스가 불을 사용하면서부터 인류는 고기를 조리하는 다양한 식문화를 발전시켜 왔어요. 채식이 문화이듯 육식도 문화예요. 문화에 우열을 나누려는 시도는 인간이 동물보다 우월하다고 확신했던 과거의 인간 중심주의와 별반 다르지 않아요.

육식이 생명을 끊는 행위라서 비윤리적이라면, 채식도 그 비판에서 벗어나지는 못해요. 이 책의 서두에서 매년 수백억 마리의 동물이 인간에 의해 죽는다고 말씀드렸어요. 그 동물은 척추동물을 말해요. 그런데 동물의 97%는 무척추동물이고, 무척추동물의 대부분은 곤충이에요. 매년 약 100조~1경 마리의 곤충이 농약 살포로 죽어요. 우리가 먹는 야채와 곡물과 과일의 풍요롭고 안정적인 수확을 위해서 말이에요.

존중과 배려가 필요해요

한 여성이 고깃집에 들어가 '육식은 폭력입니다.'라고 외쳐요. 식사 중이던 손님들은 당황했고 주인은 나가 달라고 부탁했지만, 여성은 꿈쩍도 하지 않았어요. 며칠 후, 여성은 그 영상을 자랑스럽게 SNS에 올렸고 조회 수는 급증했죠.

여기 한 영국인 방송인이 채식주의자 여성과 토론하고 있어요. 시종일관 육식을 옹호하던 방송인은 토론 말미에 햄버거를 갖고

와요. 그리고 여성에게 말하죠.

"당신은 나를 설득할 수 없어요. 그리고 이 햄버거가 내 대답입니다."

방송인은 보란 듯 고기 패티가 들어간 햄버거를 우적우적 먹습니다. 팻말을 든 여자와 햄버거를 먹은 남자, 둘이 주장하는 내용은 다르지만, 공통점이 하나 있어요. 상대를 배려하지 않는다는 점이에요.

언제부터인지는 모르겠지만 채식과 육식을 둘러싼 갈등이 심상치 않아요. 급진적인 채식주의자들은 육식하는 사람을 비도덕적이라고 비난하고, 육식을 옹호하는 사람들은 채식주의를 도덕적 우월감에 빠졌다, 풀떼기 먹고 괜찮겠냐며 조롱해요. 채식과 육식은 선호의 문제이지 옳고 나쁘고를 구분하는 가치 판단의 영역이 아니에요. 나와 다른 상대의 선택과 신념을 존중하고 배려하는 자세가 필요해요.

1,200년간 채식주의자였던 일본인

일본 요리 중에 우리나라 한정식과 유사한 '가이세키'라는 게 있어요. 가이세키의 기원은 에도 시대 귀족들이 연회를 하면서 먹던 것으로 일종의 '코스 요리'예요. 그래서 나오는 음식 종류가 국, 생선회, 조림, 튀김, 찜, 술, 밥, 과일, 채소절임 등 무척 다양해요. 그런데 가이세키 메뉴에 생선은 있어도 육지 동물의 고기는 흔치 않아요. 일본이 오랫동안 육식을 금지했기 때문이에요.

675년, 불교에 귀의한 일본 천황은 소, 말, 개, 닭, 원숭이 다섯 종류의 동물(오축, 五畜)을 먹지 못하게 하는 육식 금지령을 내렸어요. 처음에는 숨어서 고기를 먹던 일본인들도 차츰 시간이 흐르면서 고기 없는 식탁에 익숙해져 갔어요. 부족한 단백질은 생선이나 콩, 달걀로 보충할 수 있었어요. 채식주의자로 분류하자면, 페스코베지테리언에 가깝다고 말할 수 있어요. 심지어 '고기는 더러운 것', '고기는 죄악'이라는 인식이 일본인들의 뇌리에 뿌리 깊게 박히게 됐어요. 이 때문에 육식 금지령은 1,200년이나 지속됐어요.

그러다 19세기, 일본은 서양 문명을 받아들여 근대화를 꿈꾸는 '메이지 유신'을 단행했어요. 이때 일본인들은 국내에 들어온 서양인의 큰 체구에 깜짝 놀랐어요. 당시 일본 성인 남성의 평균 신장은 155㎝, 여성은 145㎝로, 이웃 나라인 조선보다 작았어요. 충격을 받은 일본은 그 원인이 채식 위주의 식단에 있다고 판단하고 육식 금지령을 해제했어요. 적극적으로 고기를 먹을 것을 국민에게 권장했죠. 일명 '육식 추진 대작전'이었어요.

하지만 오래전에 고기 먹는 법을 잊어버린 일본 국민은 시큰둥했어요. 천황이 솔선수범해서 서양 요리 만찬에 참석해 보란 듯이 고기를 먹어 봤지만 별 효과는 없었어요.

당시 일본인들이 고기를 기피한 이유 중 하나는 낯선 서양식 고기 조리법이었어요. 일본인들은 버터와 향신료로 맛을 낸 고기에 도무지 식욕이 느껴지지 않았어요. 그래서 만들어진 것이 일본 간장과 된장을 베이스로 하고, 일본인이 좋아하는 채소를 듬뿍 넣고 끓인 전골 요리, 스키야키였어요. 스키야키는 전국적으로 선풍적인 인기를 끌었어요. 이때부터 일본인의 고기 소비는 큰 폭으로 증가해요. 20세기 초 1㎏을 웃돌던 1인당 연간 고기 소비량은 21세기에 열 배나 증가했어요.

참고 문헌

- 김정진, 《10대를 위한 총균쇠 수업》, 넥스트씨, 2023
- 전범선, 《동물권을 묻는 십대에게》, 서해문집, 2023
- 남종영, 《안녕하세요, 비인간동물님들!》, 북트리거, 2022
- 페이션스 코스터, 《세상에 대하여 우리가 더 잘 알아야 할 교양 : 동물 실험, 왜 논란이 될까?》, 내인생의책, 2012
- 전채은, 《왜 동물원이 문제일까?》, 반니, 2019
- 캐서린 그랜트, 《동물권, 인간의 이기심은 어디까지인가?》, 이후, 2012
- 최훈, 〈동물 실험 옹호 논증의 논리적 분석〉, 중앙대학교 중앙철학연구소, 2013
- 이채리, 〈코헨의 종차별 옹호 논증은 옳은가?〉, 《범한철학 제77집》, 2015